教育要素研究丛书　　　主编：孙杰远

高校外籍教师工作压力及其管理对策研究

李广海 / 著

中国社会科学出版社

图书在版编目（CIP）数据

高校外籍教师工作压力及其管理对策研究/李广海著.—北京：中国社会科学出版社，2020.6

（教育要素研究丛书）

ISBN 978-7-5203-6199-6

Ⅰ.①高… Ⅱ.①李… Ⅲ.①高等学校—外国人—教师—工作负荷（心理学）—研究—中国 Ⅳ.①G645.1

中国版本图书馆 CIP 数据核字（2020）第 054621 号

出 版 人	赵剑英
责任编辑	赵　丽
责任校对	王　龙
责任印制	王　超

出　　版	中国社会科学出版社
社　　址	北京鼓楼西大街甲 158 号
邮　　编	100720
网　　址	http://www.csspw.cn
发 行 部	010-84083685
门 市 部	010-84029450
经　　销	新华书店及其他书店
印　　刷	北京明恒达印务有限公司
装　　订	廊坊市广阳区广增装订厂
版　　次	2020 年 6 月第 1 版
印　　次	2020 年 6 月第 1 次印刷
开　　本	710×1000　1/16
印　　张	13.5
插　　页	2
字　　数	201 千字
定　　价	78.00 元

凡购买中国社会科学出版社图书，如有质量问题请与本社营销中心联系调换
电话：010-84083683
版权所有　侵权必究

《教育要素研究丛书》总序

教育要素即构成教育活动的成分，既是教育研究的逻辑起点，也是决定教育发展的内在条件。

教育研究领域的学者们对教育基本构成要素进行了归纳，比较有代表性的有三要素、四要素、五要素和六要素说。综而观之，无论是三要素说还是六要素说，虽然在要素对象范畴上有所不同，但其核心要素基本相同，即涵盖了教育者、受教育者、教育内容、教育手段、教育环境等教育活动的主体、内容和媒介。学校教育是当前教育活动的主要形式，从教育要素的视角来看，学校教育的本质是各教育要素之间相互作用的过程。依此逻辑，教育领域的学者所要进行的基础性研究是教育要素自身或教育要素之间存在的关系。然而，随着科学知识的爆炸式增长，教育学科自身不断分化，与其他学科不断交叉融合，使教育研究的领域迅速向外扩展。这种现状，一方面扩大了教育研究的视野，避免了传统研究范式中"就教育而论教育"之不足；另一方面，致使教育研究无论从内容还是形式上，既显示了指向"宏观"的偏好，也存在喜欢"越界"的现象，呈现出忽视"本真"、"舍本逐末"的趋向。

教育研究既要克服"自说自话"的"闭门造车"模式，走向开放和包容，同时，也要克服"抛却本真"的"盲目借鉴"模式，立足根本而深入挖掘。基于此，研究团队从管理学、心理学、社会学、经济学等多学科视角对教师、学生、课程、教学等教育基本要素进行了深入研究，形成了这套《教育要素研究丛书》。其中，《高校外籍教师工作压力分析及其管理对策研究》《中小学教师研究成果传播研究》和《校本教研主体互动研究》分别以教师职业压力管理、教师研究成果转化和教师校本教研为主题对教育活动中的关键要素——教育者进行立体化研究；《学习自由的技术批判与重构》和《论"学习问题"导向教学》则是基于实践哲学和学习认知理论对学校教育中最重要的环节——"教与学"所进行的理论思考和实践探究。《大学课程资本视野下我国高校课程管理的改革研究》则是从社会学视角对教育活动中的另一重要要素——"教育内容"进行的理论思辨，在大学课程资本理论视域下，针对课程管理中的课程开发、课程实施流通、课程评价等环节剖析我国高校课程管理改革。

种种原因，本套丛书必然会存在缺点和疏漏，祈望方家指正。

孙杰远
2020 年 5 月于桂林

序

本书是李广海博士在其博士论文基础上完善而成的一本著作。在该著作付梓之际，作为李广海的博士生导师，我为他的第一部学术专著能够在中国社会科学出版社出版感到由衷的高兴。

随着中国高等教育国际化水平的不断提高，国家对高校外籍教师的聘请工作愈加重视，2010年《国家中长期教育改革与发展规划纲要（2010—2020年）》提出了吸引更多世界一流的专家学者来华从事教学、科研和管理工作，提高高等学校聘请外籍教师比例的号召。"双一流"大学建设的实施进一步推动了高等教育的国际化，在此背景下，高校外籍教师队伍的规模正在逐年扩大。文献显示，高校外籍教师管理问题早已引起了学者们的关注，但是，多数学者对高校外籍教师管理问题主要聚焦于教学管理、聘请管理和生活管理三个宏观方面，对高校外籍教师工作压力鲜有研究。本书立足于高校人力资源管理的视角，透过高校外籍教师工作压力现状及特征，力图提出对高校外籍教师工作压力进行合理干预的建议，提高高校外籍教师聘用效益，最终达到提升高校管理效能的目的。

综观全书，个人认为该专著具有以下三个方面的创新：

第一，根据工作压力基本理论，结合实证结果，对高校外籍教师工作压力的积极影响和消极影响予以全面关照。国内外学者针对不同群体工作压力的研究成果数量庞大，但多数成果都是以工作压力的消极影响作为研究的逻辑起点，以去掉消解工作压力消极影响为旨归的，本书则是在全面考察不同工作岗位外籍教师的工作压力水平的基础上，提出了高校外籍教师工作压力分类调适的策略，即对于工作压力较大的高校外籍教师群体给予缓解压力的策略，对于工作压力较小的群体给予适度增加压力的策略。

第二，运用高校人力资源管理的研究范式，对高校外籍教师工作压力来源进行深入剖析。高校外籍教师工作压力的形成是复杂的，是由多个单一压力源引起的综合性压力。高校外籍教师工作压力来源不仅渠道多样，且每种压力源所产生的工作压力强度和性质都有所不同。本书的研究表明，高校外籍教师的大部分工作压力来源均与高校组织内部管理相关，主要来自聘请管理、教学管理、科研管理、人事管理、后勤管理五个方面。

第三，厘清高校外籍教师工作压力内外部关系，构建了高校外籍教师工作压力动态管理模型。从理论上对高校外籍教师工作压力感受、工作压力来源和工作压力反应之间的内在关系厘清的基础上，结合实证调研对工作压力自变量与因变量进行了深入分析，构建了以高校外籍教师工作压力感受、工作压力来源和工作压力反应为果、以高校聘请管理、教学管理、科研管理、人事管理、后勤管理为因的"三主体五维度"工作压力管理模型，为高校管理者和工作压力研究者提供了理论和实践范式。

综上，本书拓宽了高校外籍教师管理的研究视域，扩大了工作压力研究的研究样本。同时，对中国高校外籍教师的管理实践具有重要意义，虽然工作压力是较为抽象和微观的问题，通常并不为管理者所重视，但工作压力管理对高校外籍教师队伍的建设却是十分重要的，往往会影响其工作效率，进而影响高校外籍教师的聘用效能。另外，相信本书提供的研究范式，对专注于组织成员工作压力的研究者也会有所启发。

史万兵

2019 年 12 月 1 日于南京寓所

目　录

第一章　导论 …………………………………………………… (1)
　第一节　研究背景 ………………………………………………… (1)
　第二节　研究目的与研究意义 …………………………………… (3)
　第三节　文献综述 ………………………………………………… (5)
　第四节　研究方法与技术路线 …………………………………… (23)
　第五节　研究的创新之处 ………………………………………… (29)

第二章　基本概念与理论概述 ………………………………… (33)
　第一节　核心概念界定 …………………………………………… (33)
　第二节　相关理论概述 …………………………………………… (47)

第三章　高校外籍教师工作压力实证调研设计 ……………… (57)
　第一节　高校外籍教师工作压力访谈提纲的设计与实施 ……… (57)
　第二节　高校外籍教师工作压力问卷的编制 …………………… (61)
　第三节　高校外籍教师工作压力个案研究的设计与调研 ……… (65)

第四章　高校外籍教师工作压力实证调研结果与分析 ……… (67)
　第一节　对高校外籍教师及其管理人员访谈调查结果的分析 … (67)
　第二节　对高校外籍教师工作压力问卷调查结果的分析 ……… (77)
　第三节　对高校外籍教师工作压力个案研究结果的分析 ……… (103)

第五章　高校外籍教师工作压力现状的组织管理诱因分析 ………（115）
第一节　高校外籍教师聘请管理诱因 ……………………（115）
第二节　高校外籍教师教学管理诱因 ……………………（122）
第三节　高校外籍教师科研管理诱因 ……………………（128）
第四节　高校外籍教师人事管理诱因 ……………………（130）
第五节　高校外籍教师后勤管理诱因 ……………………（140）

第六章　高校外籍教师工作压力管理对策及其组织管理模型的构建 …………………………………………………（143）
第一节　高校外籍教师工作压力管理对策 ………………（143）
第二节　高校外籍教师工作压力组织管理模型的构建 …（173）

第七章　结论 ……………………………………………………（178）

附录 A　高校外籍教师访谈提纲 ………………………………（182）

附录 B　高校外籍教师管理人员访谈提纲 ……………………（184）

附录 C　高校外籍教师工作压力源初始问卷 …………………（186）

附录 D　高校外籍教师工作压力反应初始问卷 ………………（188）

附录 E　高校外籍教师工作压力正式问卷 ……………………（189）

附录 F　高校外籍教师工作压力正式问卷（英文）……………（192）

参考文献 …………………………………………………………（197）

后　记 ……………………………………………………………（207）

第 一 章

导　　论

第一节　研究背景

随着经济全球化和全球一体化进程的不断推进，中国的高等教育国际化水平正在不断提高，在此过程中，聘请外籍教师到中国高校从事教学和科研工作已成为高等教育国际化的重要策略。2005—2014年《中国教育年鉴》的统计数据显示，高校外籍教师的规模正在呈逐年上涨的趋势发展，中国高校在2005年聘用外籍教师5985人，到2014年聘用外籍教师的数量达到15034人，外籍教师队伍的规模几乎扩大了3倍。尽管如此，高校外籍教师的数量还远远不能满足学生外语学习的需求以及推动中国高校科研发展水平的需要。为了进一步推动中国高等教育的国际化，中国政府在政策上也给予了大力支持，《国家中长期教育改革与发展规划纲要（2010—2020年）》明确提出，为建设人力资源强国，实施"科教兴国""人才强国"战略，要"吸引更多世界一流的专家学者来华从事教学、科研和管理工作，有计划地引进海外高端人才和学术团队。引进境外优秀教材，提高高等学校聘请外籍教师的比例，吸引海外优秀人才回国服务"。①

然而，随着中国高校外籍教师规模的扩大，高校外籍教师的管理问题也日益凸显。其中由于工作压力问题而导致的外籍教师自杀、离职、

---

①　教育部：《国家中长期教育改革和发展规划纲要（2010—2020）》（http://old.moe.gov.cn/publicfiles/business/htmlfiles/moe/info_list/201407/xxgk_171904.html? authkey = gw-bux）。

与学生发生冲突等极端事件给高校管理带来了极大冲击。如 2007 年唐山市某高校年仅 26 岁的英国籍女外教 K 由于感到工作压力较大，出现严重的心理问题，跳楼自杀；2008 年，天津某职业技术学院的智利籍外教 C，通过了试用期的考核，教学经验丰富，教学态度认真负责，受到学生和领导的一致好评，但由于跨文化适应的问题给他造成一定的压力，他对学校的管理制度很不适应，没有归属感，经常酗酒，一次酗酒后将乘坐的出租车坐垫用烟头点燃，出租车司机找到了学校，学校将事情处理后决定将 C 辞退；某高校 2008 年聘用了一名应届毕业的青年外籍教师，由于该教师缺乏教学经验，导致其疲于应付教学工作，在日常生活中很少与其他教师和学生进行交流沟通，个人能力不足以及难以应对跨文化适应带来的极大压力致使其突然离职。以上这些案例从不同侧面反映了工作压力给高校外籍教师带来的极大心理负担，致使他们做出一些极端行为，最终增加了高校的管理成本。事实上，工作压力不仅会直接导致高校外籍教师做出一些极端行为，而且会间接影响高校外籍教师的聘用效益。工作压力过大会直接影响到高校外籍教师个体的心理健康、身体健康，继而影响其工作效率。相反，有些高校对外籍教师的管理松懈，要求不高，导致部分高校外籍教师工作压力较小，工作动力不足，同样会降低其工作效率。

因此，从实践层面来看，对高校外籍教师工作压力进行研究，既有助于减少高校外事管理中的突发事件，节约管理成本，也有利于提高外籍教师的工作效率，对提高高校管理效能具有重大的现实意义。

从理论层面来看，近 10 年来，教师工作压力已成为研究的热点。在中国知网的查询条里输入关键词"教师工作压力"，能够搜索到相关期刊论文 3000 余篇，学位论文 100 余篇。研究对象范围较广，涵盖了幼儿教师、中小学教师乃至大学教师。但以高校外籍教师作为研究样本的成果极少，目前仅有 1 篇硕士论文对此问题进行探究。从研究的内容来看，学者们主要从工作压力来源、工作压力与其他变量之间的关系、工作压力的测量工具、工作压力的管理策略等维度进行研究。从研究的视角来看，中外学者主要以工作压力的消极影响为研究假设，对工作压力的积极影响进行研究的学者很少。以上分析表明，高校外籍教师工作压力问题在实践中已经凸显，但在理论研究层面还很滞后。因此，对高校外籍教师工作压力进行研究能够从理论上丰富教师工作压力的研究领域。

第二节 研究目的与研究意义

一 研究目的

本书通过对高校外籍教师工作压力相关理论进行研究，厘清了高校外籍教师工作压力的相关概念、工作压力产生的要素及其相互关系。依据高校外籍教师工作压力的相关理论，运用访谈调查法、问卷调查法和个案研究法对高校外籍教师工作压力现状进行了实证研究。在对高校外籍教师工作压力感、工作压力源、工作压力带来的影响充分研究的基础上，对高校外籍教师工作压力产生的组织管理根源进行了深入剖析。通过以上研究，最终从高校组织管理的视角提出高校外籍教师工作压力管理对策，目的在于将高校外籍教师工作压力调整到最佳状态，进而提高高校外籍教师的工作效率，提高高校外籍教师聘用效益，实现高校管理效能的提升。

二 研究意义

理论意义。第一，本书能够丰富高校外籍教师管理研究的内容。尽管从文献成果来看，中国目前对高校外籍教师管理问题的研究成果很多，但主要聚焦于高校外籍教师的聘请管理、教学管理和生活管理三个方面，有关高校外籍教师工作压力问题的研究成果几乎没有。因此，对高校外籍教师的工作压力进行研究，能够丰富高校外籍教师管理研究领域的内容；第二，本书能够丰富教师工作压力的研究样本。高校外籍教师是整个教师队伍的一部分，对高校外籍教师工作压力的研究，是对教师工作压力研究的有力补充。中国学者对于教师工作压力管理的研究多集中于中小学教师，以高校教师为研究对象的较少，而高校外籍教师的工作压力问题尚未引起学界的关注。因此，本书对高校外籍教师工作压力问题进行研究，能够丰富中国教师工作压力研究的样本；第三，本书能够拓宽教育管理研究的应用领域。目前关于工作压力问题的研究多数是从心理学、生理学和社会学的角度来分析的，本书主要从高校内部管理的视角去探究工作压力问题，尤其是从高校组织管理的角度去分析外籍教师工作压力产生的根源，并在此基础上提出高校内部管理的应对策略，拓宽了教育管理学的应用领域。

现实意义。第一，本书能够为高校提高外籍教师工作绩效提供方法论。从高校外籍教师个体层面来看，过大的工作压力可能会引起他们心理、生理和行为上的负面反应，进而降低其工作效率。反之，工作压力过小也不利于其工作效率的提高。因此，本书通过对高校外籍教师工作压力的探究，提出了具有可操作性的工作压力管理对策，对保障高校外籍教师个体的身心健康及其工作效率的提高具有重要意义。第二，本书能够为高校提升教师管理效能提供新的实践路径。高校外籍教师管理是高校管理工作的重要组成部分，本书通过对高校外籍教师工作压力问题的研究，能够为高校外籍教师管理工作提供可操作的对策，从而实现降低高校外籍教师管理成本，提升高校管理效能的目标；第三，本书能够为中国高校人才培养质量的保障提供对策。从国家政策的层面来看，深化高等教育的国际化、促进高等教育的内涵发展是党的十八大以来国家高等教育发展战略的重点。高校外籍教师作为高校教师队伍的重要组成部分，他们的工作效率和工作状态，不仅关系到中国高等教育国际化发展水平的高低，也关系到中国高校人才培养质量的优劣。从某种意义上，研究高校外籍教师的工作压力现状，探索高校外籍教师工作压力管理对策，是加速中国高等教育国际化进程、保障中国高等教育人才培养质量的迫切需要。

综上所述，本书选择以高校外籍教师工作压力为研究对象，不仅可以从理论上弥补中国高校外籍教师管理研究的不足，丰富教师工作压力研究的样本，而且能从实践上消除高校外籍教师工作压力对学校管理工作带来的消极影响，使高校外籍教师的工作压力保持在适度的水平，发挥工作压力的积极作用，激发高校外籍教师的工作积极性，进而提高高校外籍教师的工作效益，提升高校管理效能。

第三节　文献综述

通过中国知网、万方数据库、维普数据库、EBSCO 外文数据库、Wiley 外文数据库、Springer link 英文全文数据库，以及 baidu、google 网络等途径，按照外籍教师（foreign teachers）→外籍教师管理（foreign teachersmanagement）；工作压力（work pressure）→教师工作压力（teachers' work pressure）→高校教师工作压力（university teachers' work pressure）→高校外籍教师工作压力（foreign teachers' working pressure in university）的二维路径对相关的中英文材料进行了收集，发现对有关外籍教师管理、教师工作压力的研究成果颇多，研究范围较广，但直接对高校外籍教师工作压力进行研究的成果较少。

一　国外研究现状

国外学者对高校外籍教师的工作压力也没有给予足够的关注，通过文献检索，并没有找到相关成果。但以本国高校教师工作压力为研究对象的成果还是比较丰富的，他们主要以定量研究为主，对高校教师工作压力现状、工作压力来源、工作压力反应、工作压力管理对策进行了大量研究。梳理这些研究成果，能够为本书提供新的思路和重要启示。

（一）关于高校教师工作压力现状的研究

英国学者阿波罗瑞斯的调查显示，大学教师中有 11.2% 的教师感到压力非常大；有 73.3% 的教师感到有中等程度的压力。[①] 英国学者库克斯和布鲁克·雷诺对不同人群的压力情况进行了比较研究，他们发现，在教师群体中，有 65% 的教师认为他们的主要压力来源于工作，认为自己没有感到工作压力的教师只有 12%，而在除了教师之外的群体中，只有 33% 的人认为他们承受压力的来源是工作，在这个群体中有 30% 的人认

[①] R. Abouserie, "Stress, coping strategies and job satisfaction in university academic staff", *Educational Psychology*, 1996, No. 1, pp. 49–56.

为自己的工作无压力。① 日本学者对接受调查的大学教师进行了压力研究,竟然有81.4%的人感到工作有压力;② 海克斯对600多位高校教师进行了抽样调查,发现有16%的教师会感到"时常神经紧张",在有以上感觉的教师中"神经失常"的教师占到10%;③ 戴维·弗恩塔娜和阿波罗瑞斯认为,教学是一项具有挑战性的工作,教师是具有应激性的职业,他们对英国教师的调查发现曾经有21%的人感到严重的应激感,另有70%的人体验到应激感。④

(二) 关于高校教师工作压力来源的研究

有国外学者认为,高校教师压力的来源主要来自不完善的大学内部管理制度、不合理的学术管理制度、角色冲突和易产生压力的个性特征等。此外,社会的文化传统、大学教师的工资待遇和人们对教师的职业期望等也是大学教师压力的重要来源。研究发现,目前教学与科研的冲突使大学教师倍感压力。美国学者选取了392所大学的35000位教师作为调查样本进行了压力来源的研究,他们所作的《美国大学教师压力调查报告》指出,大学教师面临教学与研究角色的冲突,公立大学教师中有44%的人感受到研究工作的要求已对教学工作形成了干扰。同时,认为学生智识发展具有重要地位的教师只占70%,而有80%的公立大学教师认为研究工作是高度重要的事。⑤ 由此可见,大学教师在研究与教学工作之间已明显地感受到角色冲突,而大学教师对教学的重视远低于科研。另外,很多研究表明,教师的个性特征与其压力感显著相关,学者普遍认为A型性格、悲观态度、退缩性强、控制感低、自我效能感低等个体

---

① T. Cox & T. Brockley, "The experience and effects of stress in teachers", *British Educational Research Journal*, 1984, No. 1, p. 83.

② A study group of administrative staff at Japan Association of University, "Administrative Management report on consciousness survey of administrative staff at the university", *Journal of Japan Association of University Administrative Management*, 2004, No. 7, pp. 87 – 109.

③ Hicks, *The Mental Health of Teachers*, New York: Cullman & Ghertner, 1933, p. 35.

④ Fontana & Abouserie, "Stress Levels, Gender and Personality Factors Inchers", *British Journal of Education Psychology*, 1993, No. 2, pp. 261 – 331.

⑤ 杜娟娟:《教学与研究——大学教师的工作投入时间》,《台湾屏东师院学报》2002年第17期。

特质容易产生压力。还有研究发现，习惯对内归因的教师以及孤独感强的教师也容易产生压力。①

表1—1　　　　　　　　关于大学教师压力来源的主要观点

学者	大学教师工作压力源
Grace	在所有职业中，大学教师对高校的控制感最低。这种低控制感以及教师的角色、责任的不清晰性，都会造成大学教师的角色冲突
Fishe	苏格兰两所大学的研究表明，大学教师学术职业的压力具有复杂多样性与高等教育机构的教师要同时扮演多种角色有关
Abouseri	主要压力源是科学研究，其次是教课、时间限制、与同事关系、学生需求及领导行为
Adams	生活和工作满意度低、职业准备不充分、外控型、健康状况不佳、低自尊的教师承受的压力往往比较大
Winefiel，Jarrett	科研教学负担重、内部资源分配中竞争日趋激烈
Cose	学术制度和学校制度给教师带来的压力主要有四点：第一，时间压力；第二，科研和晋升的压力；第三，年轻一代还要面对学术规则的压力；第四，大学体制中官僚式管理造成的压力
Clark	压力源有五个：同事关系、领导—教师关系、专业缺陷、工作负荷和教学工作
Hoyle，Dunham	社会对教师应有理想模式的期望造成了教师角色冲突
Byrne	在相同的压力情境下，控制信念、自尊是影响教师出现不同反应的内在因素
Javis	教育工作具有工作时间过长、工作负荷过重、创新教学过难、处理关系复杂等特征，这些职业特征会引起教师独有的工作压力

资料来源：根据相关文献资料整理而得。

（三）关于高校教师工作压力反应及其影响的研究

压力反应是指在压力来源的持续作用下，个体产生能被主观意识到且身心方面产生反应的过程。加拿大病理生理学家塞利初次提出了压力反应的概念，但是他给"压力反应"的定义实质是生理反应，他认为在

---

① 吕部等：《高校教师工作压力研究述评》，《宿州学院学报》2013年第3期。

各种不同的严重干扰性刺激下，个体会通过一些非特异性的反应过程来适应，而与刺激种类无关，这种非特异的反应称为"一般适应综合征"。他将压力反应分为警戒、阻抗和衰竭三个阶段。①

20世纪60年代，理查尔斯等指出认知评价在压力中的重要性，认知评价是指个体对环境的威胁性程度的评估，特定的刺激并不一定会使个体产生压力或发生特定的反应，而是在个体评价之后才有可能产生压力。②

比哈尔和纽曼总结了前人的研究成果，得出如下结论："不良的工作压力会引发个体在心理健康症状、生理健康症状和行为症状三个方面的消极影响。过高的工作压力所导致的生理反应，主要表现为疲劳、血压升高、头痛、缺乏食欲、新陈代谢紊乱、心率与呼吸频率增加等症状；过高的工作压力会产生心理反应，如错觉增加、思维混乱、注意力不集中、短期或长期记忆力减退等；行为反应主要体现在一般意义上的非正常行为，包括指向自身的不当行为和指向外部环境的过激行为。"③

1977年，柯尔利克和萨特克里夫对英国教师工作压力情况进行了研究，结论表明：适度的压力可激发教师的潜能，提高教学质量。然而，多数情况下，教师的压力都是过度的，过度的压力给教师的身心都造成了负面影响，从而降低了教学的效果，特别严重的压力还会影响其职业生涯的发展。④ 敦汉姆的研究指出："教师个体长期压力过大将会导致其出现较多的不适应症状，包括注意力不集中、记忆力下降、经常害怕、出现胃溃疡等"。⑤

研究显示，长期过度的职业压力会影响大学教师的身心健康，使教

---

① H. Selye, "Teacher stress control", *Canadian Medical Association Journal*, 1976, No. 8, p. 718.

② R. Lazarus, *Stress and emotion: A new synthesis*, NewYork: Springer, 1999, p. 45.

③ T. A. Beehr & J. E. Newman, "Job stress, employee health and organizational effectiveness: A facet analysis, model and literature review", *Personal Psychology*, 1978, No. 4, pp. 665-699.

④ Kyriacou & Sutcliffe, "Teacher Stress: a Review", *Educational Review*, 1977, No. 4, pp. 299-306.

⑤ Dunham, "Teacher Stress and Burnout: An International Review", *Educational Research*, 1984, No. 5, pp. 68-76.

师出现认知偏差、注意力不集中、判断能力下降、身心功能失调、社会适应能力下降、焦虑等症状，对学校组织的影响主要是会引起教师队伍的绩效降低和动荡等问题。有的学者对压力过高的大学教师进行了跟踪观察，在这个群体里，缺课的次数、流失的人数、提前退休的人数都有不断上升的趋势，而且教学效果不佳、与学生关系紧张等问题与工作压力小的教师群体相比较为明显。

（四）关于高校教师工作压力的研究方法和工具

国外测量工作压力的工具主要有四种：一是科普的工作压力指标量表（OSI）和马克里恩的工作压力量表，它们是以"人—环境匹配模式"理论为基础的测量工具；二是卡若瑟克的工作内容量表和哈瑞欧特等的工作控制量表，它们是以"工作需求—控制模式"为理论基础的测量工具。其他常用的量表主要有：The Professional Life Stress Scale，简称 PLSS，它是弗恩塔娜编制的职业生活压力量表；The Teaching Events Stress Inventory，简称 TESI，它是由赛科里恩和卡夫编制的教学事件压力量表；Teaching Work Pressure Factor Questionnaire，简称 TOSFQ，它是克拉克编制的教师职业压力因素问卷；还有麦斯拉尔森和皮尔斯的 MBI 和 BM（Maslach Burnout Inventory and Burnout Measure）等量表。因为这些量表没有完全反映出大学教师的职业特点，有些研究者会自编身心健康状况测量问卷，来测量教师压力的状况。[①] 为了更深入地了解压力对个体身心的影响，有些研究者自制了测量精神和体力健康的问卷，并设计了测量的标准，这样的情况在德克和扬克尔共同合作的一项最新研究中体现得最为明显，他们对教师压力情况、相关因素及其表现症状作了调查，除了对社会支持、工作负荷等外部要素进行了调查，还对诸如心脏病、胃病、肩痛及情感脆弱等身心症状方面进行了测量。其他研究者也自制了因健康状况而早退的调查表、压力的行为表征调查表和生理表现调查表等。[②]

---

① 曾晓娟、刘元芳：《大学教师工作压力研究的进展与问题》，《黑龙江高教研究》2011年第1期。

② 黄秀海：《高校教师压力情况的因子分析》，《现代教育科学》2008年第2期。

在教师压力研究的具体方法中，教师自我报告调查表的应用最为广泛，在要求教师进行自我报告时，通常设计以打分制的形式来回答问题，便于进行量化研究，除此之外，常使用的研究方法还有案例研究法、访谈法、压力生理指示器等。①

（五）关于高校教师工作压力管理对策的研究

国外学者在实证研究的基础上，主要从个人、学校和社会三个维度来阐述高校教师工作压力管理的对策。戴维·弗恩塔娜认为："教师工作过程中应该坚持以问题为中心，不以情绪为中心是缓解压力的有效方法。其次，适当、主动地向他人倾诉也是一种办法。"② 迈森尔尼认为："有两种应对压力的模式。一是斗争模式，即监控压力源、集中资源、消除压力源、容忍压力源、降低唤起；二是预防模式，即躲避压力源、要求与资源相符、改变行为方式、扩展应对资源。"③ 特瑞乌尔和科普认为："社会教育政策的不断变化、教育质量的期望、政府支持的缺乏是造成大学教师压力过大的三个主要因素。高校及其教师在国家和社会的支持下对于各种改革才能从容应对，减少压力，继而以最佳状态投入到工作中去。"④ 杰瑞弗斯等研究表明，社会支持和有效处理行为策略都会影响教师对压力的感觉。⑤ 柯尔利克总结出使用缓解技术和直接行动两种应对类型。⑥ 埃里森和罗什克总结的组织压力管理策略有：重新设计工作环境；重新设计职业生涯发展；重新设计任务；提供社会支持和反馈；建立弹性工作时间表；建立有凝聚力的团队；建立公平的雇佣政策；鼓励参与管理；分析工作角色和建立目标以及分享奖励等，这些政策的目的是增

---

① 王以仁：《教师心理卫生》，中国轻工业出版社1993年版，第94页。

② [英] 戴维·弗恩塔娜：《教师心理学》，王新超译，北京大学出版社2000年版，第455页。

③ Matheny & Albert, "Coping with Job-related Stress: The Case of Teachers", *Journal of Occupational Psychology*, 2005, No. 30, pp. 21 - 22.

④ Andy Hargreaves, "The Emotional Practice of Teaching", *Teaching and Teacher Education*, 1998, No. 8, pp. 835 - 854.

⑤ J. Griffith & A. Steptoe & M. Cropley, "An investigation of coping strategies associated with job stress in teachers", *British Journal of Educational Psychology*, 1999, No. 4, pp. 517 - 531.

⑥ Kyriacou & Chris, "Teacher stress: directions for future research", *Educational Review*, 2001, No. 1, pp. 27 - 35.

强员工的自主性、参与性,由此增强工作中的控制感。① 苏泽瑞德和科普提出压力管理的三重模式:一是识别、确认、消除或减小具有压力的情景,目的是预防工作中的压力,这属于压力诱因导向的预防方法,这种方法主要是改变宏观和微观环境、改善对工作的认知、不断增加决策机会;二是通过培训和教育,增强个体抵抗压力的能力和掌握应对压力的技巧,这属于反应导向的干预方法;三是实施员工帮助计划(Employee Assistant Program),帮助治愈和重新雇佣受到压力伤害的员工,这属于症状导向的干预方法。②

归纳起来,国外对大学教师工作压力的应对策略主要有如下四种:第一,创设良好的高校组织文化氛围。和谐的高校人际环境、以人为本的管理制度、相互关爱的支持氛围对缓解教师工作压力能起到非常重要的作用;第二,改变高校管理者的领导方式。研究表明,高校组织管理混乱或专制都会成为教师工作压力形成的重要根源,改变管理者的领导方式是完善高校管理制度、调适教师工作压力的重要举措;第三,建立健全的组织是调控高校教师工作压力的重要手段;第四,高校经常组织员工进行压力管理训练,并提供心理帮助,能够提升大学教师应对工作压力的能力。

二 国内研究现状

在文献检索的过程中,涉及教师工作压力的文献有3000多篇,以高校教师工作压力为研究对象的期刊论文有400篇,但以高校外籍教师工作压力为标题的文章只有苏曼丽的硕士论文《广西高校外籍教师工作压力的实证研究》,论文以广西壮族自治区四所高校的外籍教师为研究对象,通过问卷调查的方式对高校外籍教师的工作压力源进行分析,从学校管理和自我调节两个方面提出了应对外籍教师压力过大的干预措施,对本

---

① [美]苏尔斯凯、史密斯:《工作压力》,马剑虹等译,中国轻工业出版社2007年版,第188页。
② C. L. Cooper & S. J. Sloan & S. Williams, *Occupational stress indicator: Management guide*, Windsor, UK: NFER-Nelson, 1988, pp. 16 – 21.

书具有一定借鉴意义。① 同时，国内学者对中国高校教师工作压力的研究，对本书的写作具有较大的启发。

（一）关于高校教师工作压力现状的研究

西安交通大学的研究者对大学教师工作压力的调查结果显示，长期感到工作压力非常大的大学教师占受访教师的78.9%，长期出现亚健康症状的大学教师占74%，以上两类教师中出现明显的负面生理反应的教师达到30%；② 南京大学的研究团队对中国72所高校教师的工作压力情况进行了调查，发现接受调查的大学教师中高达95.7%的人会感到精神压力，其中感到压力很大的教师占36.6%；③ 广东教育工会的研究人员对19所高校的8517名教师的身心健康状况进行了调查，发现高达20%的高校教师经常处于疾病状态，经常处于亚健康状态的高校教师占到70%；④ 中国人民大学人口与发展研究中心在2005年选取了北京市的2500位中年高级知识分子作为调查样本，对他们的工作压力情况进行了调查，结果显示：感到存在工作压力者占82.9%，仅有16.6%的被调查者反映没有感到压力；河北省人事管理部门于2004年对本省的高校人力资源现状进行了调查，发现工作负荷大、体力透支的现象在高校教师群体中较为普遍；⑤ 2005年，中国人力资源开发网对15个行业的从业人员倦怠指数情况进行了调查，结果显示：大学教师的倦怠程度位居第三位；⑥ 金南顺和周春利选取了16所高校的513名教师作为研究对象，对他们的工作压力情况进行了调查，结果显示：感到工作压力大的教师占73%。⑦ 周其民的调查样本更多，他选取了广东省19所高校的9000多名教师作为研究样

---

① 苏曼丽：《广西高校外籍教师工作压力的实证研究》，硕士学位论文，广西大学，2012年，第4页。
② 任夫元、胡国庭：《新形势下高校外籍教师管理模式探索》，《学校管理》2009年第12期。
③ 张园园：《我国民办高校外籍教师管理问题研究——以吉林省民办S学院为例》，硕士学位论文，东北师范大学，2009年，第4页。
④ 张秋红：《人本主义理念在外籍教师管理实践工作中的应用》，《长春大学学报》2010年第2期。
⑤ 刘新颜：《高校外籍教师管理人员应具备的素质》，《边疆经济与文化》2010年第3期。
⑥ 娄伟、王秀云：《中国人才发展报告》，社会科学文献出版社2006年版，第502页。
⑦ 金南顺、周春利：《高校教师工作压力研究》，《大连大学学报》2010年第6期。

本，调查显示：接受调查的高校教师中有90%的人长期处于亚健康状态，而其中处于各种疾病状态的教师占到了20%。① 刘志成和孙佳的研究显示，"受访教师中只有3.5%人表示没有压力，有40%的人认为有一点压力，感到压力比较大和压力非常大的教师比例约为60%。"② 近年来，"过劳死""自杀"和"英年早逝"等现象经常在大学教师群体中出现，这些现象的出现虽然不能完全归咎于中国高校教师工作压力太大这个单一原因，但假设二者不存在因果关系也是不客观的，况且，多项研究表明，中国大学教师存在着压力过度的情况已是不争的事实。

（二）关于高校教师工作压力来源的研究

工作压力的产生离不开工作压力源，工作压力源是工作压力产生的关键要素。因此，大学教师的工作压力源已成为国内学者关注的焦点问题。学者主要从社会环境、学校管理和个人特征三个方面进行了探究，还探讨了中国独特的时代与文化背景因素、教育结构变迁和教育改革等压力源。

综而观之，中国高校教师的压力来源主要有：一是教育改革带给高校教师的压力。教育体制改革，打破了教师职业的终身制，使得高校教师产生生存危机感；教育改革对高校教师的知识、能力、学历等提出了更多的要求，增大了其任职压力。二是科研和教学给高校教师带来的长期压力。有学者对高校教师工作量的变化进行了研究，发现从2004年至今，高校教师的工作量增加了数倍。③ 三是人际关系和工作负荷给大学教师带来的压力。工作负荷大是高校教师群体面临的普遍性问题，原因很直观，大学扩招以后，学生数量的激增导致大学教师数量不足，在职教师的工作量增多。四是现行各类评价制度给大学教师带来了巨大压力。在中国，高校教师评价结果往往与加薪、外出进修深造、职称评聘、科研经费分配等一系列激励制度密切相关，而且在考核评价的过程

---

① 转引自张海燕《对高校教师心理健康问题的思考》，《现代经济信息》2009年第20期。

② 刘志成、孙佳：《影响来华外教社会文化适应性的相关因素研究》，《湖南师范大学社会科学学报》2009年第6期。

③ 曾晓娟、刘元芳：《大学教师工作压力研究的最新进展》，《黑龙江高教研究》2011年第1期。

中,人际关系往往起着很大作用,由此给教师带来的不公平感都会形成压力。①

纵观学者对高校教师工作压力来源的研究成果,国内学者将高校教师压力的来源从宏观上分为:社会环境压力源、高校管理压力源、个人因素压力源、外部压力源和内部压力源。从微观上分为:教学工作、科研工作、人际关系、考核评价、管理制度、职业发展等。

表1—2　　　　　国内关于高校教师压力来源的主要观点

学者	关于工作压力来源的主要观点
石林	工作的自主性受到限制
王海翔	学历提升、晋升职称、教学任务繁重、自我期望高、工作效能感较低
李虹	社会地位、经济收入与学术地位之间的冲突、自我评价与他人评价之间的差异、工作保障方面的担忧、人际关系的烦恼、工作负荷过大、工作倦怠感强烈、教育教学方式
李兆良	较低的工资和福利待遇、在科研工作中的付出多、回报比较低
黄淑玲	人际关系压力、工作负荷、教学资源与学生表现、个人生活压力
林春梅	组织的局限性、人际之间的冲突
张桂萍	自我期待、人际关系、职业发展、工作负荷、家庭生活和组织结构
朱旗	待遇和工作条件、科研、个性、考评系统、人际关系、家庭
阎祯	工作自主性受限、人际冲突、组织局限性
刘英爽	科研负荷、组织结构、职业发展压力、工作与家庭之间的冲突、角色压力
张锐,林琳	外部因素:学生、教师角色冲突、教育改革;内部因素:能力有限、对压力的不良认知

资料来源:根据相关文献资料的整理而得。

(三) 关于高校教师工作压力反应及其影响的研究

国内学者对高校教师工作压力的影响和压力反应均作了深入研究,

---

① 李逢超:《高校教师工作压力源量表的编制》,硕士学位论文,山东师范大学,2008年,第34页。

具有代表性的研究成果有：灌宁镇分别对不同地区的高校教师工作压力问题进行了抽样调查，得到如下结论："超过50%的高校教师出现了不良的心理反应，如焦虑、抑郁等；有30%以上的教师还出现了不良的生理反应，经常出现头疼、胸闷气短、失眠多梦等症状。出现这些不良反应的教师，认为自己的工作效率明显下降了，感到压力较小或没有压力的高校教师不足10%。总体来看，高校教师普遍感觉精神压力很大，而且认为工作压力影响了自己的工作效率和个人健康。"① 冯伯麟研究发现，学校领导行为管理方式及考试对教师造成的压力是影响教师工作满意度的主要因素，这些不愉快的情绪长期积累起来，就会影响教师的精神面貌，危害教师的心理健康。② 郭秀兰对高校教师心理健康状况的调查显示："身心处于亚健康状态的高校教师占到被调查者的60%以上，亚健康不仅会引起高校教师个体经常发生疾病，而且也会间接影响大学生的身心健康和高校的教育教学质量。"③ 尹平等选取了武汉市3所综合性大学的300多名教师作为调查样本，运用整群随机抽样的方法对他们进行了调查，调查结果显示：与其他人群相比，大学教师总体压力水平偏高，但是存在着显著的个体差异。④

总体上看，国内学者对高校教师工作压力反应及其影响的研究主要是对工作压力消极反应的研究，消极反应主要包括消极的心理反应、消极的生理反应和消极的行为反应。而具有不同学科背景的研究者对以上三种工作压力反应的研究又有所侧重，但无论侧重点有何不同，持续的过度工作压力会引起高校教师的消极身心反应，并最终影响教师的工作效率这一观点，基本得到了学者的一致认可。研究成果的不足之处在于很少有学者对工作压力的积极反应进行研究。

---

① 灌宁镇、蒋春雷：《高校教师心理健康现状调查与对策》，《中初级卫生保健》2002年第10期。
② 冯伯麟：《教师工作满意及其影响因素的研究》，《教育研究》1996年第2期。
③ 郭秀兰：《高校教师心理健康状况调查分析研究》，《大连理工大学学报》2007年第3期。
④ 尹平、陶芳芳、郑延芳：《高校教师压力状况及其影响因素分析》，《中国医院统计》2005年第12期。

(四) 关于高校教师工作压力研究工具与方法的研究

国内研究者在对高校教师工作压力进行实证研究时，多数会直接使用外国的工作压力量表，如林春梅等直接使用了美国南佛罗里达大学编制的《工作压力和工作压力反应的调查问卷》测量大学教职员工的工作压力，这种直接借用的方法能够体现简单、可信度高的优点；有的使用心理卫生量表，这部分学者多数是从心理学视角对高校教师的工作压力进行研究，如柳友荣使用 SCL-90 焦虑量表测量大学青年教师压力状况；有的研究者修订外国量表使之本土化，这样的研究也有很多，优点在于既能够保障量表的信效度、又能兼顾中国高校教师的劳动特点和社会文化特征，如王国香等修订了一个教师倦怠量表，体现了中国文化的特色；有的高校教师工作压力研究者为了突出中国特有的高校管理体制对教师工作压力的影响，自编工作压力量表，如李虹使用自编的中国大学教师压力量表，测量大学教师压力的类型和强度，目前，这种大学教师工作压力量表还没有得到研究者的广泛认同。

(五) 关于高校教师工作压力管理对策的研究

中国台湾学者施淑芬认为，大学教师缓解工作压力的手段主要是使用自我关注、社会支持、合理认知、休闲等应对策略。[①] 中国研究者陈德云认为："解决教师压力问题应建立发展性教师评价制度，它对改善教师的生存状态具有重要意义。一是高校要有意识地去培育融洽的组织氛围；二是建立健全的组织；三是改变领导方式；四是进行压力管理训练和提供帮助。"[②] 傅维利提出："缓解教师压力的策略：教师自己先明确压力根源所在，然后想办法去消除压力根源，这种方法被称为直接行动法；还有一种被称为压力缓解法，与前一种方法不同，这种方法的主要目标是减轻压力感，而不是消除压力的来源，缓解教师的工作压力主要从心理和生理两个方面进行。生理策略是设法缓解教师面对外部刺激而产生的紧张及焦虑情绪，帮助教师恢复并保持轻松状态，心理策略是帮助教师

---

① 施淑芬：《大学教师工作压力、因应策略与职业倦怠之相关研究》，硕士学位论文，彰化师范大学，1990 年，第 56 页。

② 陈德云：《教师压力分析及解决策略》，《外国教育研究》2002 年第 12 期。

对工作压力和自身能力有一个正确的认知,相信自己具有应对当前任务或面临困难的能力,使其在特定的情景中能够正确地行动。"① 蔡喆和莫雷的研究指出:"面对压力时,高校和教师都要做出应对选择:第一,教师个体应找到合适的减压策略,教师要在心态上保持乐观向上,不断提升心理调节能力;第二,高校应采取措施,从各个方面调适教师的工作压力,比如不断改善教师生活条件,提高教职员工的工资待遇,健全校内的福利制度,完善教师考核评价制度,营造和谐的工作氛围,并成立相关的教师心理咨询机构来帮助教师缓解压力。"② 蔡喆在另一篇论文中从个人、高校和社会三个方面提出了系统的教师工作压力管理对策。个人层面:教师要提高自己的心理健康水平和工作能力;高校层面:高校要在物质建设和精神建设两个方面加大投入,高校管理者要树立以教师为本、以教师为核心的理念,高校管理者高度重视教师压力问题,及时采取措施减少由组织管理方面形成的压力来源;社会层面:政府和社会支持的缺乏是高校教师工作压力的来源,需要政府积极引导,打造有利于高校教师发展的社会环境,出台提高教师薪资福利待遇与社会地位的政策。③ 刘越强调了高校在教师工作压力管理中的关键作用,他认为高校是教师压力管理的主体,有义务对缓解教师工作压力采取有效措施,应给予教师足够的支持。④ 金南顺和周春利在研究中也强调了高校在教师压力调适中的主体作用。刘志成和孙佳强调了社会在高校教师工作压力管理中的作用,他们认为政府应在全社会培育"科教兴国、尊师重教"的社会风气,建立有利于高校教师工作压力缓解的社会支持系统,从而帮助教师缓解来自社会的压力,另外,政府还应该出台政策,保障高校教师与之社会地位相匹配的薪酬福利。

综上,国内学者对高校教师工作压力应对策略的研究,基本上处于借鉴国外模式的阶段,遵循着从个人、高校和社会三个层面探讨工作压

---

① 傅维利、刘磊:《论教育改革中的教师压力》,《中国教育学刊》2004 年第 3 期。
② 蔡喆、莫雷:《广东高校教师压力现状与身心健康的关系研究》,《高教探索》2008 年第 6 期。
③ 蔡喆:《闽粤地区部分高校教师压力状况研究》,《教育评论》2012 年第 6 期。
④ 刘越等:《高校教师精神压力的组织应对策略》,《江苏高教》2009 年第 2 期。

力管理策略的研究模式，拥有不同学科背景的学者对三个维度有不同的侧重，但从文献来看，国内研究者还尚未提出针对中国独特文化背景的应对策略。由于多数学者都是以高校教师消极工作压力为研究假设的，他们对工作压力管理对策的研究，是以缓解工作压力为目的的，而未提出对积极工作压力进行调适的策略。

三　国内外文献综合评价

通过对国内外的相关研究成果进行梳理，发现国内外学者对高校外籍教师工作压力问题没有给予足够的关注。国外学者对外籍教师管理的研究主要集中于外籍教师文化适应问题，怎样实现跨文化管理是他们关注的焦点，对高校外籍教师工作压力的研究成果寥寥可数。同样，国内学者对高校外籍教师管理的研究主要集中在教学管理、聘请管理两个方面，多以定性研究方法为主。

国内外学者都对本国的高校教师工作压力问题进行了大量的研究，这些研究成果对本书具有重大的参考价值。从研究视角看，国内外学者主要从心理学、管理学、社会学三个视角对高校教师工作压力进行了研究。从研究方法来看，国外的研究更多地采用了定量研究方法，不同的学者基于不同的视角制定了工作压力源量表、工作压力反应量表。中国学者多运用定量与定性结合的方法，但近年来，随着国际研究领域的合作，中国学者也在借鉴国外工作压力相关量表的基础上，依据中国高校教师工作特点设计了具有中国特色的量表，这些量表为本书的实证研究设计提供了有力支撑。从研究内容上看，国内外学者对压力、工作压力、教师工作压力、高校教师工作压力的概念进行了界定，为本书高校外籍教师工作压力概念的提出奠定了基础。国内外学者对高校教师工作压力来源，在宏观上达成了一致认识，基本是按照制度设计、学校管理和个人特质三个维度进行探讨。在高校教师工作压力管理对策的设计上，心理学研究领域的学者多从个人应对的视角来思考，管理学研究领域的学者多从社会、学校和个人三个方面切入，社会学研究领域的学者多从社会环境方面进行设计。这些对策建议，对高校外籍教师工作压力管理建议的提出具有重要启示。

国内外学者对高校教师工作压力的研究在研究对象、研究视角、研究方法和研究内容上还存在很多的不足之处：外籍教师是高校教师队伍的重要组成部分，但关于这个特殊教师群体的工作压力还鲜有学者涉足；对于高校教师工作压力的研究，国内外学者大多数以研究工作压力的消极影响为基本假设，很少考虑到工作压力具有两面性特征，对工作压力的积极影响研究甚少；从研究工具和方法上看，多以定量研究为主，缺少以定性研究为特征的个案研究；在研究内容上，对高校外籍教师工作压力的概念鲜有界定；对高校教师工作压力的管理建议，往往以消除工作压力源为主，缺乏对不同性质工作压力和工作压力源的分类管理；在工作压力管理模型的建构上，缺少体现可操作性建议的压力管理模型。

四 研究目标

结合国内外已有研究成果的优点和不足，本书以中国高校外籍教师这个特殊群体作为研究对象，以高校组织管理为主要研究视角，并结合心理学、教育学和社会学等学科对他们的工作压力情况进行综合研究。将通过研究实现以下目标：

（一）对高校外籍教师工作压力的相关理论进行梳理

鉴于高校外籍教师工作压力问题还属于一个新的研究方向，相关理论还未得到系统地梳理，为给后续的实证研究部分提供坚实的理论支撑：首先，本书对高校外籍教师工作压力的相关概念进行厘清，根据概念的层级关系，在对压力、工作压力、教师工作压力、高校教师工作压力四个概念进行梳理的基础上，对高校外籍教师工作压力进行了界定。其次，本书对高校外籍教师工作压力研究提供支撑的理论进行阐释。工作压力生成理论为高校外籍教师工作压力研究提供了分析框架，即高校外籍教师工作压力的要素主要包括：工作压力来源、工作压力程度、工作压力产生的影响。工作压力与工作效率关系理论为整个研究提供了意义阐释，即无论高校外籍教师工作压力过大还是过小，处于怎样的状态，都需要进行调适，使之达到接近理想的状态，因此，对高校外籍教师的工作压力进行研究具有重要意义。跨文化管理理论为高校外籍教师工作压力来源的构成提供了探索思路，并对工作压力的管理具有指导意义。

(二) 对高校外籍教师工作压力的现状进行了解

在理论梳理的基础上，本书运用问卷调查、访谈调查和个案研究三种实证方法对高校外籍教师的工作压力现状进行探究。主要探索以下三点：(1) 高校外籍教师的总体工作压力情况；(2) 高校外籍教师工作压力源的构成情况；(3) 高校外籍教师工作压力对个体带来的影响。

(三) 对高校教师工作压力现状的管理根源进行探究，对工作压力性质进行区分

通过实证研究对高校外籍教师工作压力程度、工作压力来源、工作压力影响等情况有了深入了解之后，在此基础上，从高校外籍教师聘请管理、教学管理、科研管理、人事管理和后勤管理五个方面挖掘高校外籍教师工作压力现状形成的原因。并对每种因素引起的工作压力的性质进行区分，按照每种工作压力可能产生的作用，分为积极工作压力和消极工作压力，为高校外籍教师工作压力的分类管理提供依据。

(四) 提出高校外籍教师工作压力分类管理的对策

本书从高校外籍教师聘请管理、教学管理、科研管理、人事管理和后勤管理五个方面提出消解外籍教师消极工作压力的对策和调适外籍教师积极工作压力的对策，力图使高校外籍教师工作压力处于有利于提高其工作效率的适度水平。

(五) 构建具有操作性的高校外籍教师工作压力组织管理模型

通过理论的建构、实证的探索，本书将高校外籍教师工作压力结构、可操作化建议凝结成高校外籍教师工作压力组织管理模型，充分展现高校外籍教师工作压力的特征及其构成要素间的相互关系、直观化的管理路径，为高校管理者提供了直观的理论框架。

五 研究内容和基本框架

(一) 研究内容

随着中国高等教育国际化的不断深入，高校外籍教师队伍不断壮大，如何实现外籍教师聘用效益的最大化，成为当前外籍教师管理的重要课

题。工作压力是影响外籍教师工作效率的重要因素，因此对外籍教师工作压力进行研究，具有非常重要的意义。为了能够对外籍教师工作压力有一个明晰、透彻的认识，从而提出有效的管理策略，本书主要对以下几个方面的内容进行了深入探讨：

第一，工作压力的相关概念和基本理论。主要厘清压力、工作压力、教师工作压力、高校教师工作压力、高校外籍教师工作压力五个关键概念及其相互之间的关系。概念是一切研究的逻辑起点，通过对这些概念的内涵和外延进行界定，对高校外籍教师工作压力产生的机制有了明晰的认识，对影响高校外籍教师工作压力产生的宏观要素有了进一步了解，为实证调研设计提供了有效素材。

第二，理论基础的阐释。对高校外籍教师工作压力进行研究，需要工作压力理论的支撑，如工作压力与工作绩效关系理论、工作压力产生机制理论等都是论文写作所要遵循的基本理论。同时，跨文化管理理论对高校外籍教师工作压力研究也具有支撑意义。高校外籍教师来中国任教有一个跨文化适应的过程，如何对跨文化群体进行管理，使他们尽快适应异域文化成为高校外籍教师管理的重要课题，前人对跨文化适应压力的研究成果，对本书具有重要的指导意义。

第三，高校外籍教师工作压力现状的实证研究。这是本书最核心的内容，在对文献资料和基本理论研究的基础上，设计了访谈调查、问卷调查、个案研究等实证调研工具，并对实证调研结果进行分析，将高校外籍教师工作压力的现状，从工作压力感受、工作压力来源、工作压力影响三个方面以不同的视角呈现出来，为工作压力管理策略的提出提供了最为可靠的依据。

第四，高校外籍教师工作压力产生的高校内部管理根源分析。在对高校外籍教师工作压力现状进行实证调查分析之后，依据对外籍教师和外籍教师管理人员的访谈材料，对影响工作压力产生的深层次原因进行分析，为高校外籍教师工作压力管理对策的提出奠定基础。

第五，构设高校外籍教师工作压力组织管理对策。依据高校外籍教师工作压力现状及其产生的根源，以高校内部管理为视角，从聘请管理、教学管理、科研管理、人事管理、后勤管理五个维度，从疏解消极工作压力、调适积极工作压力两个方面提出工作压力管理策略。

第六，构建高校外籍教师工作压力管理模型。根据高校教师工作压力研究的理论基础、实证调研结果以及组织管理对策，建构以高校外籍教师工作压力、工作压力来源、高校内部管理三个模块为主体的高校外籍教师工作压力组织管理模型，为高校管理者及相关问题的研究者提供直观的工作压力组织管理框架。

（二）基本框架

本书共分为七章，基本框架如下：

第一章：导论。本章主要阐释了研究的背景、意义和目的，对国内外相关研究的文献资料进行了整理和分析，确定了本书的研究方法，介绍了本书的研究思路，对本书的创新之处进行了总结和概述。

第二章：基本概念和理论概述。本章对高校外籍教师工作压力研究的核心概念从内涵和外延两个方面进行了详尽的廓清，并对本书起到重要支撑作用的理论基础进行了阐释，为后面的研究奠定了理论基础。

第三章：高校外籍教师工作压力实证调研设计。本章主要展示了高校外籍教师工作压力实证研究的设计过程。基于多方验证的可靠性考虑，本书共运用了访谈法、问卷法和个案研究法三种实证研究方法。访谈法的主要对象是高校外籍教师和高校外籍教师管理人员，本章分别设计了对二者访谈的提纲；本书对外籍教师进行了问卷调查，本章从宏观上介绍了调查问卷的设计过程；个案研究的对象是三名不同工作岗位的外籍教师，对不同个体进行了追踪式调查研究，并为此设计了个案研究的方案。

第四章：高校外籍教师工作压力实证调研结果与分析。本章利用EXCEL、SPSS等工具对访谈记录、调查问卷和个案研究的数据进行了处理，主要从外籍教师工作压力感受、工作压力的来源、工作压力的影响三个维度对实证材料进行了分析。

第五章：高校外籍教师工作压力现状的组织管理诱因分析。根据第四章的实证调研结果，针对工作压力的群体差异，从高校组织管理的视角进行深入剖析。主要从聘请管理、教学管理、科研管理、人事管理和后勤管理五个维度进行了探讨，对每个维度按照管理制度、管理机构、管理活动、管理人员的逻辑进行了考量。

第六章：高校外籍教师工作压力管理对策及其组织管理模型的建构。依据工作压力理论以及高校外籍教师工作压力现状调研结果，针对高校外籍教师工作压力形成的根源，从聘请管理、教学管理、科研管理、人事管理、后勤管理五个方面提出了工作压力分类管理的对策。根据以上研究，构建高校外籍教师工作压力组织管理模型，为高校管理者提供外籍教师工作压力管理的基本框架。

第七章：结论。本章对整个研究进行了总结，得出以下四点结论：一是高校外籍教师工作压力感总体程度中等偏下，群体和个体差异明显；二是高校外籍教师的工作压力源复杂，各种压力源形成的压力具有差异性；三是高校外籍教师工作压力反应程度不高，个体差异显著；四是高校外籍教师工作压力的产生主要受组织管理影响，应提升高校管理质量。

第四节　研究方法与技术路线

本书以高校组织管理为视角，研究过程中综合运用文献研究法、访谈法、问卷法、个案研究法和比较研究法，在充分借鉴国内外高校外籍教师工作压力研究成果的基础上，立足于中国高校外籍教师工作压力的现状，提出高校外籍教师工作压力管理对策。

一　研究方法

(一) 文献研究法

所谓文献研究法就是搜集、鉴别和整理各种相关文献资料，并对其中的信息做出筛选、分析和研究，进而全面正确地了解和掌握所要研究的问题，以达到预定研究目的的方法。文献是记录相关研究知识的载体，包括记录已经发表过的或虽未发表但已经被整理、报道过的知识和其他一切信息的载体。文献的分布比较广泛，形式众多，常见的形式有：书籍，包括名著、专著、教科书、手册、资料性工具书、科普读物等；报刊，包括报纸、期刊（学术期刊、综合性期刊）；档案资料，包括教育年鉴、档案文献、教育结集、教育统计、教育调查报告、学术会议文件等。

查阅文献有两个方面的积极作用：一方面是借鉴，通过查阅文献可以向前人和其他研究者学习，包括优秀的研究思路、研究设计、科学的知识理论等，还可以汲取前人研究的宝贵经验，吸取失败的教训，避免不必要的重复；另一方面是提高，查阅文献可以加深研究者对所研究课题的理解，帮助厘清主题和变量，完善设计与研究方案，搜集论证研究假设的论据和材料，这对提高研究者的研究能力大有裨益。

文献研究法是本书所使用的一个基本方法。本书试图在对国内外相关文献进行回顾整理和分析的基础上，进一步对高校外籍教师工作压力的来源、反应、应对策略进行研究。本书收集了大量的一手文献和二手文献，文献资料包括国内外学者对工作压力的研究成果和高校教师工作压力研究的代表性成果，这些资料主要用以开展对研究主题背景的分析。文献还包括专家学者出版的专著、发表在报纸上的时评等，这些资料为本书提供了可资借鉴的观点和可以利用的论据。

（二）问卷调查法

问卷调查法又称为书面提问调查法或信函调查法，是指调查者以统一设计的书面问卷形式，提出若干问题并要求被调查者作出书面回答的一种调查方式。

根据调查的内容，问卷调查法一般分为两类问卷形式，即开放式问卷与封闭式问卷。所谓开放式问卷也称为自由式问卷或自填式问卷，该类问卷不为被调查者提供有关备选答案，而是要求被调查者根据问卷中所提出的问题，不受限制地详述己见；所谓封闭式问卷也称为选择式问卷或限制式问卷，封闭式问卷的形式通常有以下几种类型：是否式问卷、单项选择式问卷、多项选择式问卷、顺序选择式问卷、态度选择式问卷。

与其他调查方法相比较，问卷调查法主要具有以下特点：问卷调查法的最大优点是省时、省力、省费用，并且对于开放式问卷而言，由于不是面对面的直接沟通交流，因此减少了被调查者的顾虑，其回答问题时往往能畅所欲言，直抒己见；问卷调查法的最大的缺点是问卷回收的不确定因素较多，问卷的回收率较低，同时当被调查者对问卷中的问题有疑问或产生误解时，调查者不能当面做出解释。因此，问卷所提出的问题必须立意准确，文理清晰。此外，由于问卷调查要求用文字表述自己的观点，因此对文化较低的被调查者较为困难；问卷的主要作用在于方便调查者的量化统计，即较容易就人们对事物的态度与观点的倾向性进行定量评估。

问卷调查法是本书进行实证调研的重要方法，本书借鉴了李虹、叶青、曾晓娟等人的大学教师工作压力问卷设计，设计了高校外籍教师工作压力调查问卷，问卷采用半封闭方式，分为三个部分，第一部分为基本情况调查，采取填空和单项选择的形式；第二部分是工作压力源问卷，采用五点记分法，属于单项选择式；第三部分是工作压力反应问卷，亦采用五点记分法，属于单项选择式。样本选取方面，以辽宁省20所高校的141名外籍教师作为调查对象，对高校外籍教师的工作压力感受、工作压力来源、工作压力反应等情况进行了调查，利用EXCEL、SPSS等软件对调查结果进行了详细分析，作为工作压力管理策略设计的量化研究依据。

（三）访谈法

访谈调查法又称为调查性谈话法，是指调查者（访问者）与被访问者之间通过直接沟通交谈的形式进行调查的一种方法。访谈调查法具有以下几个方面的特点：直接性、灵活性、回答率高而准确性低，一般可分为个别访谈法、集体访谈法、电话访谈法三种形式。个别访谈法又称为面谈法，即通过访问者与被访问者之间的面对面的接触交谈，从而搜集调查资料的一种方法，个别访谈法又可分为以下两种形式：提纲式访谈法和自由式访谈法；集体访谈法又称座谈访问法，即以座谈会的方式邀请若干被访问者参加，并按访问调查提纲顺序进行座谈访问的一种调查方法，此方式优点是集思广益，相互启发或补充，通常可在较短的时间内获得较完整的调查资料，缺点是因人际关系（如专家、学术权威在场）等因素，部分被访问者容易因心理压抑而不能畅所欲言，因此，座谈访问法对访问者的组织协调能力及主持艺术具有较高的要求；电话访谈法通常适用于双方相距较远或无法与被访问者会面（如出差、预约冲突等）的情况。

访谈法是本书的又一重要研究方法。本书的访谈对象有两类：一是对外籍教师进行访谈，二是对外籍教师管理人员进行访谈。在外籍教师访谈样本的选择上，本书选取了辽宁省10所高校的30名外籍教师作为访谈的对象，10所高校中囊括了重点大学、省属院校、市属院校，30名外教在岗位、年龄、性别、来华任教年限等方面均有所区别。在外籍教师管理人员访谈样本的选择上，在与受访外籍教师相对应的10所高校中选取了20名管理人员，他们在职务、性别、工作年限、主管业务等方面各不相同。在访谈方法的运用上，为了提高访谈效率，对两个群体的访谈均采取了个别访谈、集体访谈和电话访谈相结合的方法，在个别访谈、集体访谈、电话访谈中主要运用了提纲式访谈法。在访谈提纲的设计上，对这两个群体访谈提纲的设计均按照外籍教师工作压力感受、外籍教师工作压力的来源、工作压力对外籍教师造成的影响、工作压力产生的原因四个维度进行的。通过对访谈记录的分析，本书详尽地了解了外籍教师工作压力感受度、来源、影响及其产生原因，为外籍教师工作压力管理对策的提出奠定了基础。

（四）个案研究法

个案研究法是质性研究最常用的方法，它是对某一个体或团体的行为进行追踪研究的一种方法。一般的做法是：研究者通过对多个或单个个案材料的记录、收集和分析，经过整理后写出个案报告。个案研究通常采用面谈、观察、搜集文件性佐证材料、描述统计、测验、图片、问卷、制作录像或影片等手段进行研究。

尽管个案研究是以某个或多个个体作为研究对象，但不能说其结论是以偏概全，大多数情况下，研究结果是完全可以推广到一般情况的，也可以在个案之间做比较后，在实际中加以应用。对个案研究结果的应用及推广属于判断范畴，而不属于分析范畴，个案研究的任务不是去进行判断，而是要保持其客观性，但个案研究的结果会为这种判断提供经过整理的经验报告，并为判断提供依据。

本书选取了沈阳市3所高校的3名外籍教师，他们分别从事语言教学、专业课教学、科研项目合作工作，他们所在的3所高校分别属于研究型大学、教学研究型大学、教学型大学。本书花费了半年的时间，采用观察、面谈、录像、收集文件证据等方法对三个研究样本进行跟踪式调查，主要从工作压力感受、工作压力来源、工作压力给他们带来的影响、工作压力产生的原因这四个方面对他们工作的全过程进行深入分析，从而以个体的视角反映外籍教师工作压力的变化、工作压力来源的特征以及工作压力反应情况。个案研究法能够弥补问卷调查法和访谈调查法的不足之处，并与上述两种方法相互验证。

（五）比较研究法

比较研究法就是根据一定的标准，对两个或两个以上有联系的事物进行考察，寻找其异同，探求普遍规律与特殊规律的方法。根据不同的标准，可以把比较研究法分成以下几类：（1）按属性区分，根据用于比较的数量，可分为综合比较和单项比较。综合比较是将事物的多种或所有属性加以比较；单项比较是将事物的某种属性进行比较。单项比较是综合比较的基础。（2）按时空区分，可分为纵向比较与横向比较。纵向比较就是比较同一事物在不同时期的形态，从而清晰事物的发展变化过程，揭示其规律；横向比较就是对空间上同时并存的事物进行的比较。（3）按目标的指向区分，可分为求同比较和求异比较。求同比较是寻求不同事物的共同点，以寻求事物发展的共同规律；求异比较是比较两个事物的不同属性，从而说明两个事物的不同，以发现事物发生发展的特殊性。（4）按比较的性质区分，可分成定量比较与定性比较。定量比较就是对事物属性进行量的分析以准确地制定事物的变化；定性比较就是通过事物间的本质属性的比较来确定事物的性质。（5）按比较的范围区分，可分为宏观比较和微观比较。从宏观上看，本书隐性地将外籍教师的工作压力和中国本土教师的工作压力进行比较；从时空上看，本书属于横向比较，是选取一定时段对20所不同高校外籍教师的工作压力情况进行比较；从目标指向上看，既存在求同比较也存在求异比较，求同比较体现在对所有高校外籍教师工作压力感受、工作压力强度的整体统计上，求异比较体现在工作压力群体差异与个体差异的研究上；从比较的性质上看，在访谈研究和个案研究中更多地体现了定性比较的特点，而在问卷调查中更多地体现了定量比较的特色；从比较的范围上看,个案研究更多的体现了微观比较的特点,问卷调查和访谈更多地展示了宏观比较的特征。比较研究法的运用使高校外籍教师工作压力的特征更为凸显,从而使高校外籍教师工作压力管理对策的提出能够有的放矢。

二 研究的技术路线

首先,通过各种途径,收集以工作压力、教师工作压力、高校教师工作压力、高校外籍教师工作压力、外籍教师管理为主题词的相关文献,并对这些文献进行梳理,在此基础上,对压力、工作压力、教师工作压力、高校教师工作压力等相关概念进行厘清。其次,对能够为本书提供支撑的相关理论,如工作压力基本理论、激励理论、制度经济学理论、跨文化管理理论进行阐释。再次,在以上理论研究的基础上,设计实证调查工具,运用访谈调查法,对高校外籍教师以及外籍教师管理人员进行访谈,从两个主体的不同视角分析高校外籍教师工作压力感受、工作压力来源和工作压力影响;设计高校外籍教师工作压力问卷,利用问卷调查法对高校外籍教师工作压力现状进行调查,对调查结果从工作压力感受、工作压力在各压力源上的强度、工作压力影响三个维度进行分析;选取三个不同工作岗位的高校外籍教师作为个案研究的对象,对高校外籍教师工作压力进行个案研究,并对个案研究的材料从工作压力感受、工作压力来源、工作压力影响三个维度进行分析。然后,以高校内部管理为视角,对造成工作压力现状的根源从聘请管理维度、教学管理维度、科研管理维度、人事管理维度、后勤管理维度五个方面进行深入分析。最后,依据高校外籍教师工作压力实证调研的结果,针对高校外籍教师工作压力产生的组织管理根源,从高校内部管理的五个方面提出外籍教师工作压力分类管理的对策,并根据高校外籍教师工作压力的基本理论、实证调研结果和工作压力管理对策,构建出高校外籍教师工作压力组织管理模型。更为直观的研究技术路线如图1—1。

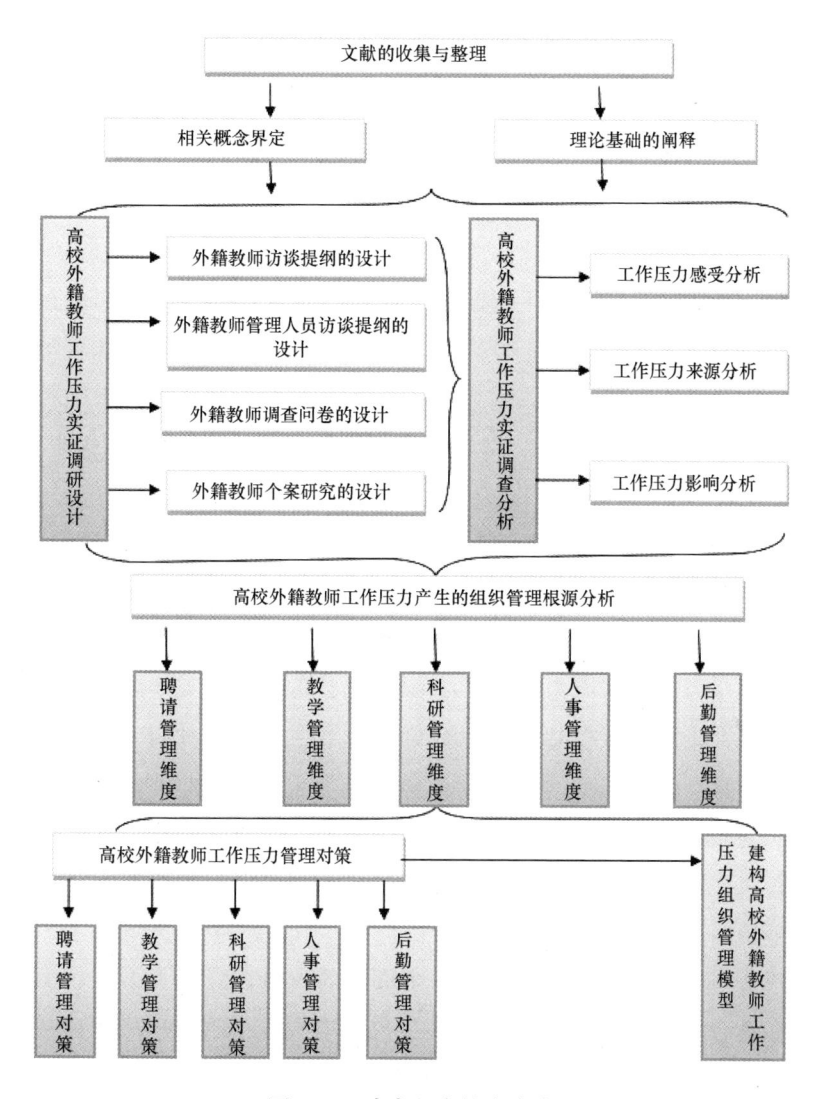

图1—1 本书研究技术路线

第五节 研究的创新之处

一 问题创新：初次探究高校外籍教师工作压力管理问题

中国高等教育国际化的浪潮初现端倪，高校外籍教师队伍在不断壮大，很多高校都不同程度地面临着外籍教师管理的问题，尤其是外籍教师的工作压力问题呈现凸显状态。然而国内学者对高校外籍教师管理问题的研究大多集中在教学管理、聘请管理和生活管理上，高校外籍教师的工作压力问题还未引起学界的足够关注。本书以高校外籍教师工作压力为研究对象，基于高校管理的视角，辅以心理学、社会学等多学科视角对高校外籍教师的工作压力现状、工作压力来源和工作压力的影响进行了实证分析，并从工作压力的消极作用和积极作用两个方面进行了探讨，力图对高校外籍教师工作压力进行深入、全面的分析，在理论上丰富高校外籍教师管理研究的视域，在实践上为提高高校外籍教师聘用效益提供可行性建议。

二 内容创新：明晰核心概念、提出分类管理对策并构建管理模型

本书在研究内容上的创新表现在以下四点：

一是尝试性地对高校外籍教师工作压力进行界定。高校外籍教师工作压力是压力、工作压力、教师工作压力、高校教师工作压力的下位概念，既与上位概念存在共性，也有自身的个性，通过对四个上位概念的厘清，根据高校外籍教师工作压力来源的特征，将高校外籍教师工作压力定义为：在中国高等学校工作的外籍教师，受到跨文化适应、工作负荷、跨文化人际关系、职业发展等因素的影响而引起的孤独、焦虑、不满意等情绪，进而产生身心、行为反应的过程。这个定义体现了工作压力个体——环境匹配理论和交互作用理论的内核，强调了工作压力的过程性和动态性特征，同时反映了高校外籍教师工作压力来源的独特性，为进一步挖掘高校外籍教师工作压力来源、工作压力影响提供了理论基点。

二是从工作压力的积极作用和消极作用两个方面对高校外籍教师工作压力进行了研究。通过对大量文献的分析发现，研究教师工作压力的绝大多数成果，基本都以工作压力的消极作用作为研究的基本假设，鲜有对工作压力积极作用进行研究的成果出现。本书依据工作压力来源的特性对其产生的工作压力可能带来的消极影响和积极影响进行了实证分析，并根据工作压力影响的不同，从组织管理的五个方面提出不同的管

理对策，做到有的放矢。

三是提出了高校外籍教师工作压力分类管理对策。本书从组织管理的视角提出了高校外籍教师工作压力的分类管理对策，即根据高校外籍教师工作压力的程度和性质进行针对性管理，对所有外籍教师的消极工作压力都要从聘请管理、教学管理、科研管理、人事管理、后勤管理五个方面予以消解或尽量减少，对积极工作压力较大的外籍教师要进行减压，对积极工作压力不足的外籍教师要进行加压，使他们的积极工作压力保持在最佳水平，从而促进其工作效率的提升。

四是构建了高校外籍教师工作压力组织管理模型。依据高校外籍教师工作压力相关理论，通过对高校外籍教师工作压力感受、来源、影响的实证调查，再对高校外籍教师工作压力产生根源进行深入剖析，并提出具体管理对策之后，为了向高校外籍教师管理部门和管理者呈现工作压力管理的直观过程，本书根据系统理论构建了高校外籍教师工作压力组织管理模型，并对此模型的内在要素之间的关系、外部环境、模型运行机制进行了说明。希望通过此模型的构建，能够对高校外籍教师管理部门和管理者有所帮助，并希望能够对其他群体工作压力的管理提供有益的启示。

三 方法创新：综合运用问卷法、访谈法与个案研究法

在研究方法的运用上，定量方法与定性方法相结合，除了运用文献研究法之外，还运用了问卷调查法、访谈法、个案研究法和比较研究法。与其他高校教师工作压力的研究成果相比，访谈法和个案研究法是本书的主要创新点之一。从前文对高校教师工作压力研究的文献综述来看，对高校教师工作压力的研究，学者们主要运用文献法和问卷调查法，鲜有运用访谈法和个案研究法的成果出现。本书对高校外籍教师以及高校外籍教师管理者两个群体分别进行了访谈，从两个主体的视角分别考察了高校外籍教师的工作压力感受、来源、影响和产生根源，避免了单一群体访谈结论的片面性。此外，本书选取了三个不同工作岗位的外籍教师代表进行了追踪式的个案研究，通过对他们在工作环境中的言行举止进行分析，能够从侧面反映出他们的工作压力感受、来源及其影响。问

卷调查法主要用于定量研究，能够用数据来描述高校外籍教师工作压力的总体状况，但却难以呈现个体差别，尤其对于工作压力这个带有心理学色彩的问题，其中存在的某些要素是难以用数据来测量的，而访谈法和个案研究法的运用恰恰能够弥补定量研究的这个不足之处。

第二章

基本概念与理论概述

没有理论支撑的研究如无根基的建筑,很容易坍塌。本书以高校外籍教师工作压力作为调查对象,基于一定的理论基础,增强了研究的科学性,进而提出合理、有效的工作压力管理对策。因此,本书的首要任务是对高校外籍教师工作压力的相关概念和研究的理论基础进行厘清。

第一节 核心概念界定

概念是一切研究的逻辑起点,依据此学术观点,本书围绕核心概念"高校外籍教师工作压力",对压力、工作压力、教师工作压力、高校教师工作压力等上位概念进行依次厘清,在此基础上再对高校外籍教师工作压力的研究维度、研究重点进行深入阐释。

一 压力与工作压力

工作压力从属于压力范畴,因此,厘清工作压力的内涵和外延,必须对压力有清晰的认识。

(一)压力的定义

压力(Stress)最初是一个物理学领域的专有名词,指的是作用于某物之上,使之发生形变的作用力。1925年,美国著名生理学家卡侬在对失控、饥饿以及情绪变化的系列研究中,首次将"压力"这个概念引入生理学领域。卡侬是以生理学的视角对压力进行研究的,他认为"压力"超过一定的"度"会破坏机体内环境的平衡,对一切外部刺激,个体在对其评估之后，要么选择对抗，要么选择逃避，在这个选择过程中，个体会产生诸如呼吸急促、心跳加速、血压升高等一系列生理反应。[①] 不同学科背景的研究者基于各自的视角，对压力产生的原因进行了多维度的阐释，其中以心理学、生理学、社会学的阐释最为经典。秉持社会学视角的研究者认为压力产生的原因是"外部刺激性事件"，他们认为，与现实生活紧密相关的各类问题，如工作、学习、人际关系和家庭生活等经常给人们带来压力，这种慢性压力极可能会影响人们的身心健康。[②] 早在20世纪30年代，迈耶就开始研究致病原因中的生活事件，对压力产生原因的后期研究提供了很多有价值的素材。20世纪50年代，沃尔弗提出了社会生活压力概念，将压力的来源扩大到社会生活领域。20世纪60年代，海尔莫斯和诺黑尔编制了《社会再适应评价量表》，证明了"压力是刺激性事件"的观点；[③] 塞耶的"一般适应综合征（GAS）"被认为是心理学对压力产生的经典解释，他认为压力是内外环境中各种因素作用于机体时所产生的"非特异性反应"。[④] 归纳起来，学者们对压力的定义始终是围绕三种观点展开的：一是刺激观，认为压力是那些使人感到紧张的环境刺激或事件，将压力源等同于压力，这表明压力存在于外部事件中，与个体特征关系不大；二是反应观，与刺激观相反，将主观反应视为压力；三是相互作用观，强调压力是有机体和环境之间相互作用的结果，从而使个体产生生理、心理、行为反应的过程。相互作用观得到了研究者们的广泛认同。以下三个图示能清晰的表示出上述三种观点的区别。

1. 压力刺激观

压力刺激观认为人所感受到的压力与物理意义上的"压力"类似，

[①] G Whalley, *The wisdom of the body*, New York: Norton, 1965, pp. 15 – 20.

[②] 李虹：《大学教师的工作压力类型和压力强度研究》，《清华大学教育研究》2005年第5期。

[③] Spielberger CD & Reheiser EC, *Measuring occupational Stress: the Job Stress Survey*, New York: Norton, 1995, p. 42.

[④] Hontela. S, "The stress concept" *Canadian Medical Association Journal*, 1976, No. 8, p. 718.

"压力"是外界环境对人施加的一种作用力,这种作用力是无形的,会对受力人的身心产生一定的伤害,而且当作用力超出个体承受能力的临界点,会对人造成终身的、无法恢复的损伤。① 压力刺激观可由图2—1来表示。

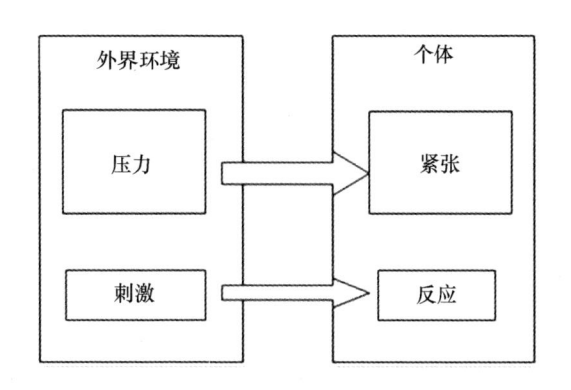

图2—1 压力刺激图示

资料来源:叶青:《海外国际汉语教师工作压力研究》,硕士学位论文,华东师范大学,2011年。

2. 压力反应观

压力反应观认为"压力"是个体受到环境中的紧张性刺激而产生的生理或心理反应。这种定义与压力刺激观有着很大不同,它更加强调个体的反应而不强调外界刺激的作用,认为压力是个体为了应对外界刺激而做出的反应。压力反应观可由图2—2表示。

3. 压力相互作用观

压力相互作用观结合客观环境和主观反应两个方面,是对压力刺激观和压力反应观内涵的综合。它将压力定义为"个体对客观环境衡量评估后,根据自己的认知和能力做出特殊回应的过程"。这种定义超越了前两种定义的局限,吸收了它们的精髓,将压力定义为"刺激—反应"过程,是一个巨大的突破。压力相互作用观可由图2—3表示。

---

① Ivnacevich J. & Matteson. M. T. & Freedman. S. M. & Phillips. J. S, "Worksite stress management interventions" *American Psychologist*, 1990, No. 45, pp. 252–262.

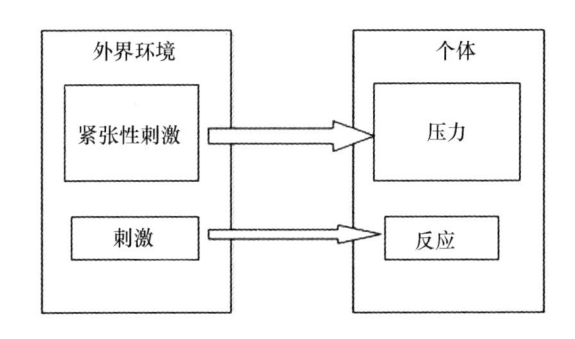

图 2—2 压力反应图示

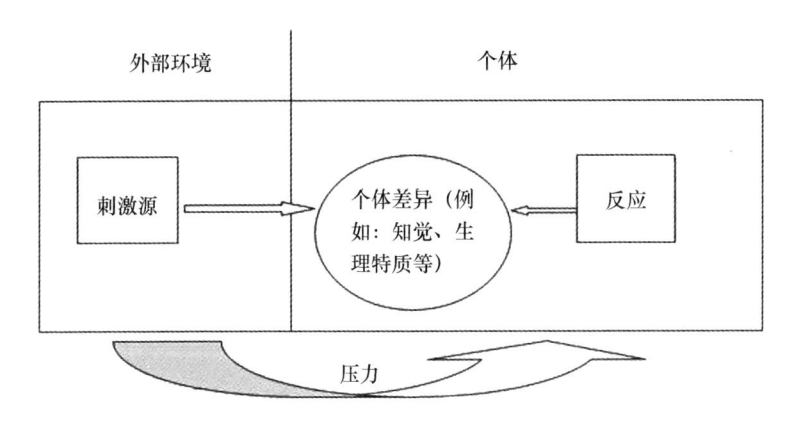

图 2—3 压力相互作用图示

三类压力的定义强调的侧重点各不相同,但压力相互作用观较为全面地反映了压力的产生过程,得到很多学者的认可。因此,本书认为可以将压力相互作用观作为探究高校外籍教师工作压力的理论基础。

(二)压力的分类

1. 按照压力产生的来源划分

(1)工作压力,是指在工作背景下产生的压力,主要由与工作有关的因素引起的压力,这些因素主要包含工作保障条件、工作负荷、组织管理、职业发展、人际关系等。

(2)家庭压力,是指由家庭因素引起的压力,家庭因素主要包含家庭的收入、家庭的和谐、家庭的变故等。

（3）社会压力，是指由社会环境因素引起的压力，社会环境因素主要包括社会变革、战争、社会制度、公共管理等。①

2. 按照压力水平的高低划分

（1）过大的压力。是个体对压力源的评估，感知到的压力已经引起了心理、生理或行为的不良反应，如感到无比焦虑、睡眠不好、神经衰弱、工作效率下降等。

（2）适度的压力。是个体感知到的压力处于中等水平，没有造成不良的心理、生理和行为反应，个体感到充实和有成就感，工作效率很高。

（3）较小的压力。是指个体感知到的压力处于较低的水平，心理、生理和行为上的不良反应不明显，但可能觉得生活或工作乏味，积极性不高。

3. 按照压力产生的影响划分

并非所有压力都对个体有好处，美国学者塞勒按照压力给个体或组织造成的影响状况，把压力分为积极压力或良性压力、消极压力或劣性压力两种类型。（1）积极压力，也称为良性压力，它指的是"能使个体感到愉快的或对个体有帮助的压力，它在一定程度上能给个体带来一种满意的体验，如参与一项改革项目或参加一项竞争性活动等"。积极压力具有建设性和挑战性，它可以提高个体的意识水平，发挥个体的潜力。（2）消极压力，也称为劣性压力，指的是对个体具有伤害性、破坏性或使个体产生不愉快体验的压力，如遇到生活变故、工作负荷太大等情况，消极压力对人的影响通常成为学者研究的主题。② 根据耶克斯—多德森（Yekes—Dodocon）定律，积极压力不具有绝对性，具有可变性，当积极压力处于适度水平时，它具有绝对的积极性；当积极压力强度不足时，它的积极性程度不高，需要增大强度来唤醒；当积极压力强度过大时，就转化为消极压力，需要通过降低强度来发挥它的积极作用。消极压力可以分为两种，一种是绝对性消极压力，另一种是相对性消极压力，即

---

① 李虹：《大学教师的工作压力类型和压力强度研究》，《清华大学教育研究》2005 年第 5 期。

② 金芳：《天津工业大学教师工作压力及应对方式的研究》，硕士学位论文，北京体育大学，2008 年，第 4 页。

积极压力超出一定的度，就变为消极压力，这种消极压力是由积极压力转变而来，具有相对性。

(三) 工作压力的定义

工作压力是因工作带给个体的外在作用力的体验。坎普兰和库泊等认为，工作压力是一个过程，包含对个体构成威胁的工作环境的任何特征。需求不能被满足，或者满足需求的资源不充分对个体而言都会构成威胁。[1] 许小东认为："工作压力是工作环境刺激和个体特征共同作用的结果，即在工作中，威胁工作行为的压力源长期、不断地刺激个体，在个体的应对行为和主体特性共同影响下，产生的一系列生理、心理以及行为反应的系统过程。"他提出的工作压力定义，体现了压力相互作用观的内核。可见，工作压力会引起个体消极或积极的工作状态，最终影响到组织绩效。[2]

根据外在作用力范围的不同，工作压力可以分为狭义的工作压力和广义的工作压力。广义的工作压力指所有对工作能产生影响的外在因素，既包括直接的影响，也包括间接的影响；狭义的工作压力特指工作环境中，最直接的影响因素作用于个体而产生的应激性反应，即直接影响因素产生的压力。大部分学者对工作压力的研究均是以狭义工作压力为研究对象的。从他们对工作压力的定义中可见一斑，如徐长江将工作压力定义为：工作环境中对个人目标构成威胁的工作压力源，长期地、持续不断地作用于个体，在个体个性特质以及应对方式的影响下，最终产生某些心理、生理以及行为反应的过程。[3] 石林把工作压力定义为：工作环境中的需求使个体感受到的一种刺激就是工作压力。[4] 综上所述，工作压力是个体在工作环境影响下，由于工作环境中的需求与威胁对个体产生直接或间接刺激，个体为了更好地适应工作环境而做出回应的刺激——反应过程。

---

[1] Caplan R. D. & Cobb S & French J. R. P., *Job demands and worker health: Main effects and occupational differences*, Washington, D. C., US: DHEW Publication, 1975, pp. 75 – 160.
[2] 许小东、孟晓斌：《工作压力应对与管理》，航空工业出版社2004年版，第16页。
[3] 徐长江：《工作压力系统研究：机制、应对与管理》，《浙江师大学报》1999年第5期。
[4] 石林：《职业压力与应对》，社会科学文献出版社2005年版，第3页。

(四) 工作压力理论模型

基于不同的认识角度和学科背景，研究者们为了直观地表述工作压力产生的机制，构建了许多工作压力的理论模型，经过梳理，本书认为最具有影响力的是以下四种模型：

1. 工作压力传统理论

萨姆、海勒瑞克斯、利普和斯蒂尔的研究是工作压力传统理论研究的范例，他们把引起工作压力的因素分为组织外部因素、组织内部因素和个性特征三大类。三类因素中，每一类又包含几个子因素，这些影响工作压力产生的因素就形成了具有等级结构特征的因子群，通过对这种结构化的静态模式进行研究，探究工作压力形成的原因是工作压力传统理论的研究范例。工作压力传统理论得到了国内外大部分工作压力研究者的认可和应用。[1]

2. 工作需求—控制—支持理论

"工作需求—控制理论"是由卡若塞克于1979年提出的，后来，他在研究过程中将这个理论不断完善，在此基础上添加了"社会支持"这个维度，最终形成了"工作需求+控制+支持理论"的范式。其中工作要求包含"工作任务量+困难程度"两个因素；工作控制指"员工对个人工作进行决策的自由度"，即员工能够对自我工作施加影响的程度；社会支持指"员工所拥有的社会资源"。工作控制、工作需求和社会支持三者的相互作用决定着工作压力的各个维度。卡若塞克根据这个模型，提出在工作要求较高的情况下会出现两种截然不同的结果：高要求+高控制+高支持→高工作动机、高工作效率与高要求+低控制+低支持→身心疾病、心理压力。[2]

3. 个体—环境匹配理论

弗伦奇和卡普兰于1972年首次提出"个体—环境匹配理论"。可以说，它是工作压力理论中认可度最高的。其理论内核是：无论是环境因

---

[1] 叶青：《海外国际汉语教师工作压力实证研究》，硕士学位论文，华东师范大学，2011年，第4页。

[2] Robert A. & Karasek, "Job demands, job decision latitude, and mental strain: Implications for job redesign", *Administrative Science Quarterly*, 1979, No. 2, pp. 285–308.

素，还是个人因素，二者都不是工作压力产生的唯一因素，个人因素与环境条件的不匹配才是导致工作压力产生的根本原因。什么情况算是匹配？一是环境资源能满足个人价值观和个人诉求；二是个人能力能满足环境要求。缺失任何一种匹配都会给个体带来压力，而且个人能力和要求与环境资源之间的差距幅度越大，个体产生的工作压力强度越大。当个体要求、能力和工作环境之间达到完全匹配的程度，才能使个体达到最佳工作状态。①

4. 交互理论

1966年莱泽若斯提出的"认知交互理论"受到了相关领域研究者的普遍认可。莱泽若斯认为"工作压力传统理论"人为地把环境因素与个体特质进行了分离，虽然"个体—环境匹配理论"将工作压力产生的个体特征与工作环境结合了起来，但形成的结构化结合模式是静态的。他认为，以上两种工作压力理论都存在不同的缺陷，对工作压力的形成机制不能进行有力的诠释。他提出的交互理论认为，工作压力不是个体特质与环境刺激相互作用的结果，而是个体对环境刺激进行评价所产生的结果，而且工作压力的产生是一个动态过程，随着环境的变化和个体特质的变化而变化。他在此基础上提出了工作压力交互理论的两个原则：一是个体和环境的关系总是在变化的；二是面临一个情境时，个体与环境互相影响。②

在满足以下两个条件后，个体—环境关系才会让人产生压力：第一个条件，个体觉得自己所处情境很重要；第二个条件，个体认为个体能力达不到外界环境的要求，而且缺乏外界支持。所以，工作压力的产生有两次评价过程：先评价情境的重要性，再评价个体所拥有的应对资源，具体流程如图2—4。

综上所述，交互理论从个体和环境两个方面阐述了工作压力的产生机制，将工作压力定义为个体对环境进行二次评估之后产生应对反应的

---

① Lennon M. C. & French J. R. & Caplan R. D., *The mechanisms of job stress and Strain*, New York: Wiley, 1984.

② Lazarus R. S., *Stress and emotion: A new synthesis*, New York: Springer, 1999, pp. 65 – 66.

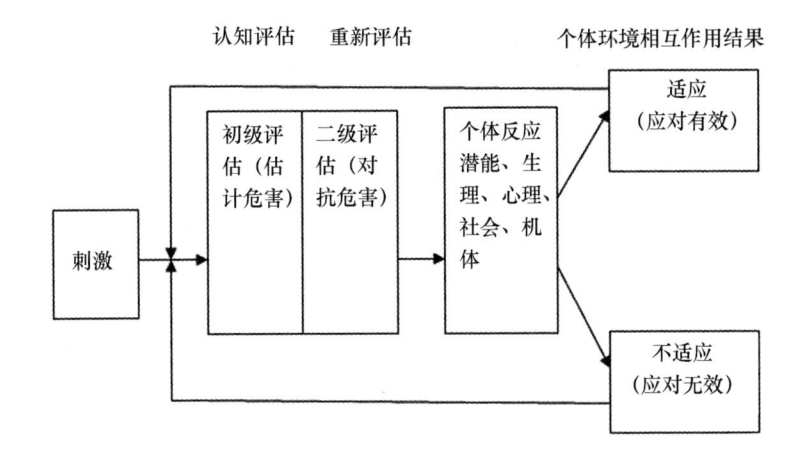

```
认知评估    重新评估         个体环境相互作用结果

                                        ┌─────────┐
                                    ┌──→│  适应   │
                                    │   │(应对有效)│
┌───┐  ┌──────┬──────┐  ┌────────┐  │   └─────────┘
│刺 │→ │初级评│二级评│→ │个体反应│──┤
│激 │  │估(估 │估(对 │  │潜能、生│  │   ┌─────────┐
└───┘  │计危害)│抗危害)│  │理、心理│  └──→│ 不适应  │
        └──────┴──────┘  │、社会、│     │(应对无效)│
                          │机体    │     └─────────┘
                          └────────┘
```

图 2—4 交互模型图示

资料来源：白玉苓：《工作压力、组织支持感与工作倦怠关系研究——以服装产业知识型员工为例》，硕士学位论文，首都经济贸易大学，2010年。

动态过程。这个理论为研究工作压力源及应对方式奠定了基础。

以上四种理论都是工作压力研究领域的经典理论模型。本书在"工作压力传统理论"的指导下，将高校外籍教师工作压力产生的影响因素分为个人特质和组织因素；根据工作需求—控制—支持理论对高校外籍教师工作压力产生的机制进行分析；依据个体—环境匹配理论寻找环境资源和外籍教师个人诉求的非匹配之处，即工作压力来源；交互作用理论提醒本书所关注的对象是一个动态的过程，为高校外籍教师工作压力研究提供了全新的视角。

（五）工作压力的分类

工作压力是压力的一种，既具有压力的普遍属性，也具有自身的个别属性。根据压力的分类，本书对工作压力进行了分类：从工作压力形成的影响来划分，可分为积极性的工作压力和消极性的工作压力；从工作压力来源划分，可以分为单一要素引起的单一性工作压力、多种要素引起的综合性工作压力；按具体的工作压力源来划分，可以分为工作负荷引起的工作压力、人际关系引起的工作压力、工作保障引起的工作压力、组织管理引起的工作压力等；从工作压力的程度划分，可分为较小的工作压力、适度的工作压力、较大的工作压力、慢性工作压力和急性工作压力等。

二 教师工作压力

高校外籍教师作为一个特殊的人群,他们感受到的工作压力既与中国的本土教师有很多相似之处,又有不同之处,如同高校教师工作压力与其他阶段教师工作压力具有异同之处是一样的道理。总之,想全面了解高校外籍教师的工作压力,需要分别概括、归纳教师工作压力和高校教师工作压力的概念及其影响因素,在此基础上再厘清其异同。

（一）教师工作压力的概念

早期关于教师工作压力的研究,一般都是在借鉴其他群体职业压力的基础上进行的。直到20世纪80年代,"教师压力"才作为一门单独的学问从职业压力中分离出来,成为学者的研究对象。1977年,"教师压力"首次作为学术论文的关键词出现在《教育评论》(Educational Review)杂志上发表的文章中,其作者是凯瑞艾克和萨特克里夫。其中将教师压力定义为:"由教师职业引起的,使教师个体感受到的一种不愉快的、消极的情绪经历。"[①] 这一概念得到学术界的广泛认同,直至今天,学者对教师压力的研究多是以此为基础,并围绕这一中心进行一定的补充和发展。此外,这一概念导致多数研究者往往强调压力情境下教师的负面反应,很少对压力的积极作用进行研究。

表2—1　　　　　　　　国内外学者对教师工作压力的定义

学者	教师工作压力定义或看法
Moracco	当教师的自尊和幸福感觉得受到威胁时,使他们的心理平衡发生改变的影响
Litt and Turk	当教师的幸福感觉得受到威胁,应对这些威胁又超过其能力范围时,教师个体所产生的不愉快感与困惑感的经历

[①] Kyriacou C & Sutcliffe J, "Teacher stress: directions for future research", *Educational Review*, 2001, No. 1, pp. 27 – 33.

续表

学者	教师工作压力定义或看法
Borgand Bag-lion	由教师职业所引起的消极情感反应,伴随着潜在的病理性的生理、生化变化,并可被减轻这些威胁的应对机制所调节
吕秀华	工作压力是因教师工作因素导致的紧张情绪体验,是教师感受到的不愉快或负面情绪

资料来源：李虹：《教师工作压力管理》,中国轻工业出版社2008年版。

从表2—1可知,教师工作压力的产生需要具备的充分必要条件有如下三个：教师的工作压力必须是因为教师的本职工作引起的,包括教学环境、人际关系环境等要素；教师个人的内在能力和需求与学校和社会等外部环境之间必须有交互作用的发生；教师个体在生理、心理和行为三个方面或某一方面达到了不平衡状态,尤其是身心状况发生功能异常而引起了紧张状态和不愉快的感觉。

（二）教师工作压力的模型

莫若克和麦克凡托提出了教师工作压力模型,如图2—5。这个教师工作压力模型将客观环境和个人评估机制结合起来。家庭压力源、工作压力源和社会压力源作为潜在压力源对教师工作压力产生或多或少、或直接或间接的不同影响。教师会利用个人特征（如经历、特质、信念等）对潜在压力源进行评估,如果发现压力源对自己存在威胁,就会转变为现实的压力源,然后教师会通过应对机制减缓压力,随后产生不同的结果。[①]

莫若克和麦克凡托的教师工作压力模型采用了压力交互模型的理念,将外界环境和个体同时作为影响教师工作压力的必要因素,在两者的交互作用中,在评估机制的介入下用一种动态过程演绎了教师工作压力的形成过程,并对工作压力的应对结果做出了合理解释。这个模型得到多数工作压力研究者的一致好评,成为教师工作压力研究的基本模型,但

[①] Moracco J. C. & H. McFadden, "The counselor's role in reducing teacher stress", *The Personal and Guidance Journal*, 1981, No. 5, pp. 550–552.

是鉴于这个模型对评估机制和应对机制的强调,更适合心理学科背景的研究者进行应用。

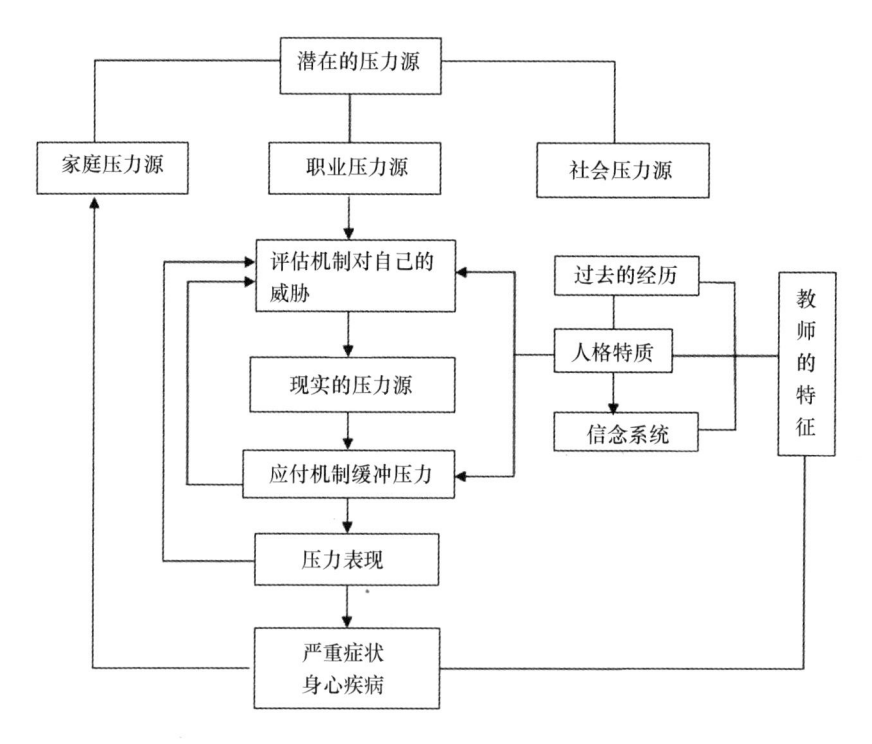

图2—5 教师工作压力模型

资料来源:周隽:《上海市中学教师职业压力状况及影响因素研究》,硕士学位论文,华东师范大学,2003年。

三 高校教师工作压力

国内外学者并没有对高校教师工作压力概念进行统一界定。刘晓明对"高校教师工作压力"进行了初步定义,"在大学工作的老师,由所在高校营造的工作环境而引起的工作压力"。[①] 曾晓娟对大学教师工作压力的定义是,"大学教师在高校独特的工作环境中,在影响个人绩效和工作目标的压力源长时间地、不断地作用下,受到应对能力以及个性的影

---

① 刘晓明:《高校教师工作压力管理》,中国轻工业出版社2010年版,第21页。

响，产生一系列身心及行为反应的过程"。这个定义包含以下几个含义：高校教师工作压力是一个动态过程；除了压力源的持续作用，个体的应对能力和个性特征起到了重要的中介作用；工作压力可能会引起一系列反应，包括身心和行为反应。① 本书认为工作压力是外界环境与个体反应相互作用的动态过程，所以比较认同曾晓娟对高校教师工作压力内涵的解释。

通过对教师工作压力与高校教师工作压力概念的梳理，不难发现，高校教师作为教师队伍的一个重要组成部分，其工作压力的产生机制和应对策略与其他教育机构的教师并没有本质区别。然而，由于高校教师的工作环境、工作特点与其他领域的教师存在不同，使他们感受到压力的影响要素是不同的，换句话说，各类群体工作压力最大的区别在于工作压力来源的不同。前文已经对大学教师工作压力来源进行了文献分析，多数学者认为从宏观上看，高校教师工作压力的来源主要有教学科研工作量、考核评价、组织支持、人际关系、角色冲突等。本书认为，尽管从宏观上可以概括为以上几个维度，但每个具体的维度在内容上是不同的，这种不同是高校教师工作压力区别于其他教师的最大特点，主要体现在：高校教师工作压力的来源除了教学负担之外，还有科研负担，而科研与教学之间往往存在冲突，这种冲突也会成为压力来源；人际关系更为复杂，高校科层制结构更为明显，导致人际关系更为复杂，加之大学生的独立性更强，管理起来难度更大。所以，高校教师的人际关系压力更大；学历压力更为凸显，随着高校内涵建设的深入，对教师学历的要求越来越高，博士、博士后的比例不断攀升，这种现状给那些还没有博士以上学历的教师造成了很大压力。

四 高校外籍教师工作压力

高校外籍教师作为高校教师群体的一个组成部分，对高校外籍教师工作压力的研究既要结合高校教师工作压力的普遍特性，又要考虑到高

---

① 曾晓娟：《大学教师工作压力研究》，博士学位论文，大连理工大学，2010年，第8页。

校外籍教师因为文化等方面的差异所引发的在工作压力上的特殊性。目前关于外籍教师工作压力的确切定义极少，根据现有文献，只有苏曼丽基于外籍教师的定义和学术界对教师压力的界定，给出了高校外籍教师工作压力的概念：应聘在中国高校的外籍教师，因工作的因素所导致的紧张、焦虑等，使得他们感受到不愉快或负面的情绪。[①] 这一定义体现了高校外籍教师工作压力与本土教师之间的共性，但没有体现出其个性。诚然，高校外籍教师工作压力的产生机制及其分类与其他领域教师的工作压力基本是一致的，他们所感知到的工作压力，既有积极性的也有消极性的，不同个体体验到的工作压力程度也分为大、中、小三类。但高校外籍教师作为一种特殊人力资源，与本土高校教师相比，首先，其工作压力有所不同，最大的不同体现在工作压力来源上，根据文献统计，本土高校教师的工作压力主要来源于绩效考核、职称评定、人际关系，而大多数外籍教师往往不涉及职称评定和科研考核等问题，但是他们在文化教育背景、国籍、政治背景、肤色、语言和生活习惯上具有差异性，尤其是文化适应方面经常会使他们感受到巨大的压力；其次，外籍教师管理制度也会给外籍教师带来压力，中国的高校外籍教师管理属于二元管理模式，即便针对外籍教师的特殊性，各个高校基本都做出了有别于本校其他员工的管理模式，为外籍教师提供各种便利条件，但是，由于对外籍教师的管理不仅仅是各个高校内部的问题，还涉及校外其他相关部门，因此，在审批程序的完整性、政策和制度的协同性以及办事效率等方面都有可能给外籍教师带来压力。其中，学校管理制度的完善程度对高校外籍教师工作压力的影响是最为直接的。

本书基于对高校外籍教师所处的工作环境及其面对的特殊社会文化环境，结合压力、工作压力、教师工作压力和高校教师工作压力的定义，将高校外籍教师工作压力定义为：在中国高等学校工作的外籍教师，身处异域文化，受到跨文化适应、工作负荷、跨文化人际关系、职业发展等因素的影响而引起的孤独、焦虑、不满意等情绪，进而产生身心、行

---

① 苏曼丽：《广西高校外籍教师工作压力的实证研究》，硕士学位论文，广西大学，2012年，第14页。

为反应的过程。这个定义一方面体现了工作压力"个体——环境匹配理论"和"交互作用理论"的内核,强调工作压力的过程性和动态性特征,同时反映了高校教师工作压力的特征,即他们的压力来源主要由教学、科研、考核制度等与教育教学相关的要素组成,从工作压力的影响来看,劣性工作压力会影响他们的生理、心理和行为,继而影响他们的工作效率。另外,高校外籍教师工作压力与高校本土教师的工作压力有着很大不同,主要体现在:其工作压力来源具有独特性,跨文化因素对他们工作压力的影响不可忽视,而且中国对高校外籍教师实行的二元管理体制也会致使他们工作压力的来源有别于本土教师。

第二节 相关理论概述

一 工作压力理论

高校外籍教师工作压力研究的基础理论之一是工作压力理论,工作压力生成理论对明晰高校外籍教师工作压力的生成机制具有启示作用。"工作压力—工作绩效关系理论"是探究高校外籍教师工作压力对其工作绩效影响的理论基石。

(一) 工作压力生成理论

前文对工作压力理论模型的总结已经涉及工作压力的形成问题,本部分从工作压力生成机制的视角再对其中三个较为经典的理论进行简要的概述。

1. 1979 年,卡若塞克提出了反映工作压力形成的"工作需求—控制"理论。该理论认为,工作需求和工作控制是工作压力产生的决定性因素。当工作控制和工作需求都处于较高水平时,工作动机就会增强;当工作需求高而工作控制水平低时,就会形成高的工作压力。20 世纪 80 年代后期,卡若塞克对"工作需求—工作控制"理论进行了完善,最终形成"工作需求+控制+支持"理论。此理论模型突出了工作特征对工作压力的绝对影响,为管理者从工作再设计的层面进行压力管理提供了操作性非常强的理论依据。①

2. 认知评价理论。1954年,莱泽若斯和弗克纳尼提出工作压力的认知评价理论。他们认为,环境刺激是个体工作压力产生的充要条件,个体对环境刺激的威胁度作出的评价是工作压力产生的必要条件;另外,环境条件和个体特征是相互关联的且动态的,因而压力是一个动态过程。② 由于认知评价理论比较适合进行定量研究,它受到了偏好工作压力实证研究者的推崇。1996年,斯格瑞斯特在认知评价理论的基础上,提出了努力+奖酬失衡理论。他认为,员工所感知到的工作投入——所得奖酬之间的不平衡是员工工作压力的来源,当付出与回报差距越大,工作压力越大。③

3. 交互作用理论。这一理论是对"工作需求—控制"理论和"认知评价理论"的融合与发展。从弗伦奇和卡普兰提出"个体—环境匹配理论"之后,组织行为学研究者基于工作压力交互作用理论对组织管理进行了重新审视,并构建了工作压力管理模型。其中影响比较广泛的工作压力管理模型有:罗宾斯的压力模型、科普等人的 OSI 模型、④ 纽斯卓姆的压力理论模型。

(二) 工作压力—绩效关系理论

对高校外籍教师工作压力进行研究的主要关切点在于工作压力对其工作绩效的影响,进而对高校管理效能的影响。因此,工作压力与绩效关系理论是本书的主要理论支撑。学界对工作压力与工作绩效的关系持有四种不同的观点:"工作压力—绩效无关论""工作压力—绩效适度论""工作压力—绩效抑制论"和"工作压力—绩效激发论"。

---

① Robert A. & KarasekJ. R., "Job demands, job decision latitude, and mental strain: Implications for job redesign", *Administrative Science Quarterly*, 1979, No. 2, pp. 285 – 308.

② Folkman & Lazarus & Gruen, "Appraisal, coping, health status, and psychological symptoms", *Journal of Personality and Social Psychology*, 1986, No. 3, pp. 572 – 577.

③ Siegrist & Johannes, "Adverse health effects of high-effort/low-reward conditions", *Journal of Occupational Health Psychology*, 1996, No. 1, pp. 28 – 40.

④ Cooper C. L. & S. J. Sloan & S. Williams, *Occupational stress indicator: Management guide*, Windsor UK: NFER-Nelson, 1988, pp. 66 – 78.

1. 工作压力—绩效无关理论

持有这种观点的人认为员工最关注的是自己的经济利益,由于工作绩效直接决定自己的薪酬和晋升,所以员工只会关心工作绩效。当员工遇到压力时,由于他们的关注点在于经济收入,所以就会忽视这些压力,压力根本构不成阻碍工作绩效提高的因素。因此,这些研究者认为工作压力与工作绩效之间没有密切关系,这种理论在实证研究中很少获得支持性研究结论。[1]

2. 工作压力—绩效适度理论

耶克斯和道德森提出了著名的 Yerkes—Dodosn 定律,指出工作压力和业绩之间存在着一种倒 U 形关系。该定律认为过大的压力会使员工个体的效率降低,过小的压力也不会唤醒员工的积极性,只有适度的工作压力才能激发员工内在的工作动力,使工作效率达到顶峰状态。[2]

3. 工作压力—绩效抑制理论

梅勒、罗耶等是此理论的推崇者,该理论认为工作绩效与工作压力之间呈现负相关关系。他们对工作信息与工作压力的关系进行了研究,认为个人工作信息接收量的超载会导致工作压力源过度,最终导致个体工作失误的增加。工作压力会影响员工的总体工作绩效,目标实现的预期可能性的大小、对业绩目标的价值或吸引力的判断、激励行动力量的强弱都是典型的外在表现形式。[3]

4. 工作压力—绩效激发理论

工作压力—绩效激发理论的核心内容如下:工作压力能够调节个体和群体的工作绩效水平,它能够激励个人的不断努力,创造良好的工作绩效,激发个人不断挑战自我,因而工作压力对个人绩效具有积极作用。

---

[1] Spector & Paul E, "Interactive effects of perceived control and job stresses on affective reactions and health outcomes for clerical workers", *Journal of Occupational Health Psychology*, 1987, No.1, pp. 155 – 162.

[2] Kyriacou C. & Sutcliffe J., "Teacher Stress: Prevalence, Sources and Symptoms", *British Journal of Educational Psychology*, 1978, No. 48, pp. 159 – 167.

[3] T. A. Beehr & J. E. Newman, "Job stress, employee health, and organizational effectiveness: A facet analysis, model and literature review", *Personal Psychology*, 1978, No. 4, pp. 665 – 699.

其潜在内涵是：如果工作压力程度偏低，员工个体会感觉所从事的工作缺乏挑战性，从而不愿付出全部努力去完成工作，不想精益求精，容易产生怠惰心理，反而降低了工作绩效；相反，工作压力水平较高，其工作绩效也较高，工作绩效与工作压力程度之间基本呈现正相关关系。①

在常识观念中，人们对耶克斯和道德森定律所指出的工作压力与工作绩效的倒 U 型关系十分认同。用辩证思维来看待工作压力，本质上讲是完全正确的。但是，怎样的水平才是适度的，这是很难确定的，所以仅仅通过感官来确认工作压力的适度水平对进一步解决工作压力问题是没有任何帮助的。鉴于此，有的学者在此基础上对耶克斯和道德森定律进行发展和补充，对工作压力进行了良、劣分类，将"良性压力"界定为在适度区间内的工作压力，而"劣性压力"指那些过少或过多的工作压力。从个体的综合压力来看，良性工作压力的存在，是个体和组织能够向前发展的动力；而劣性工作压力的存在，往往会成为个体和组织发展的障碍。从单一要素引起的工作压力来看，工作压力也有良性与劣性之分。②

（三）工作压力理论对本书的指导作用

工作压力生成理论从不同的视角展示了工作压力产生的过程以及影响工作压力产生的因素，通过对这一理论的分析，发现影响工作压力产生的要素主要包括环境、工作条件、组织管理和个人特征等，为高校外籍教师工作压力研究维度的确定提供了理论支持，根据工作压力生成的内在机制，对高校外籍教师的工作压力进行研究，主要围绕高校外籍教师工作压力的感受、工作压力的来源、工作压力的影响三个维度，探讨高校外籍教师工作压力在这三个维度上与其他教师群体上的不同之处，为进一步提出高校外籍教师工作压力管理对策夯实基础。

同时，工作压力生成理论也是本书实证研究设计的理论基础之一，

---

① R. S. Bhagat & S. Allie & D. L. Ford, "Organizational stress, Personal life stress and symptoms of lifestrains: An inquiry into the moderating role of styles of coping", *Journal of Social Behavior and Personality*, 1991, No. 7, pp. 154–163.

② 刘应爽：《高校教师工作压力、控制点及其与工作绩效的关系研究》，硕士学位论文，大连理工大学，2006 年，第 17 页。

高校外籍教师访谈提纲中问题的设计、高校外籍教师工作压力源问卷和工作压力反应问卷维度的确定主要理论根据是"工作需求—控制"理论、认知评价理论和交互作用理论。工作需求—控制理论启发我们从组织管理和工作环境的角度思考工作压力产生的过程；认知评价理论强调了个人特征对工作压力产生的影响；交互作用理论强调了环境和个体的双重作用，因此，在实证设计的过程中，确定了工作条件、组织管理、个人因素等宏观维度。

工作绩效与工作压力关系理论对高校外籍教师工作压力研究起着重要的支持作用，虽然工作压力与工作绩效之间的关系在学界还没有达成共识，但除了工作压力—绩效无关理论之外，其他三个理论均证明了工作压力过大和过小都会影响工作效率。本书将"工作压力—绩效适度理论"作为基本理论假设，认为过大或过小的工作压力都不利于高校外籍教师工作效率的提高，只有将高校外籍教师的工作压力水平调整到适度水平，才能提高他们的工作效率。这个理论为高校外籍教师工作压力管理对策的提出提供了理论支持，是高校外籍教师工作压力分类管理的理论基础，即在分析不同外籍教师工作压力水平的基础上，探讨如何对工作压力感受较大的高校外籍教师进行减压，对工作压力感受较低的高校外籍教师进行增压。除此之外，本书还要根据单一因素引起的工作压力特性，探讨减少消极性工作压力产生的对策，调控积极性工作压力产生的策略，最终达到提高外籍教师工作效率及聘用效益的目的。

二 跨文化管理理论

美国著名的管理学家斯蒂芬·P. 罗宾斯在《管理学》一书中，认为组织与文化之间存在着密切的联系，组织可以通过有效的管理培育利于组织发展的文化，同时，组织的发展受着文化的制约，因而对组织进行管理，应该考虑其文化背景，采取不同的管理模式。尤其在涉及跨文化管理的组织中，其成员具有各不相同的文化背景，意识形态和价值观念各异，管理者对这样的组织进行管理，经常面临管理失效的风险。语言的不同、文化的差异都会成为沟通的障碍，不仅会因此产生误解，同时，也会大大增加沟通成本。① 聘用外籍教师的高等学校也面临着进行跨文化管理的难题,如何做好对外籍教师的跨文化管理是减少外籍教师消极工作压力产生的重要举措。

(一) 跨文化管理的内涵

跨文化管理是指那些由不同地区或不同国籍的员工组成的组织,在对不同文化背景的人、事、物进行管理时,根据文化、风俗习惯和价值观等特征的差异,采取尽量融合的柔性管理方法,培育出新型而独特的组织文化的管理过程。② 为了实现跨文化管理的目标,需要组织管理者摒弃传统的单一文化管理理念,认清组织多元化的文化特征,找到多元文化之间的契合点,利用这样的契合点去协调具有不同文化背景的员工之间的相互关系,组织多种活动,使员工之间逐渐认同和接受对方的文化,最终达到文化大融合的目标。研究认为,当不同文化背景的员工之间达到了文化的融合,那么这时组织新的文化已经孕育成功,跨文化管理的功效得以显现,在这样的文化氛围中,员工的消极工作压力得以减少,工作效率会得以提高。

(二) 跨文化管理的特征

1. 组织环境具有复杂性和多变性

涉及跨文化管理的组织相比面对单一文化管理的组织有很大差异。跨文化管理的组织,经营环境显得十分复杂,其成员受原有文化基因的影响极大,想让他们接受新的思想观念和改变其固有的价值观是非常困难的,组织制定的制度、进行的决策等很难被绝大多数员工认可,对组织管理效能的提升,乃至组织的进一步发展都是一个不小的挑战,因此,组织管理成本较高。③ 相反,单一文化组织所面对的管理环境较为纯净,其成员拥有大致相同的文化背景,在很多方面容易达成共识,增强了组

---

① Robbins. S. P, *Organizational behaviors*, Upper Saddle River, New Jersey: Prentice-Hall, 2001, pp. 37 – 39.
② 袁源:《XN 财经大学外籍教师管理研究》,硕士学位论文,西南财经大学,2011 年,第 9 页.
③ 王万智:《高校外籍教师跨文化教学管理要素创新研究》,硕士学位论文,东北大学,2015 年,第 30 页.

织决策的执行力。

2. 新的组织文化形成过程缓慢

牵涉跨文化管理的组织中，员工之间存在较大差异的文化背景，消融这种文化差异，使之达到融合的程度，需要组织管理者创造机会，使不同文化背景的员工之间增加了解、相互学习，最终实现文化冲突的逐步消融。经过一个缓慢的融合过程，最终在组织中产生全新的共同文化。这种共同文化形成过程的长短，受组织管理活动的影响较大，如果管理者能给予跨文化适应问题足够的重视，有意识地去设计一些组织成员内部交流活动，则会加速新的共同文化的形成。相反，管理者如果忽视这方面的管理，这种新的共同文化形成可能会变得更加缓慢，最终可能会阻碍组织的和谐乃至组织工作效率的提高。

(三) 跨文化管理理论对本书的指导作用

跨文化管理理论从文化差异与文化适应这两个视角对跨文化管理提出了建设性的建议，具有外籍教师聘请资格的高校属于一个跨文化管理组织，因此，对高校外籍教师管理工作之一的工作压力管理也要考虑跨文化因素。跨文化管理理论对本书的指导作用主要体现在：

一是对本书实证研究提供了理论支持。在高校外籍教师工作压力源问卷的编制过程中，需要确定工作压力源的维度，根据跨文化管理理论，可知，跨文化适应是影响高校外籍教师工作压力产生的重要因素。因此，无论在访谈提纲的设计上，还是问卷编制中，均预设了跨文化适应方面的问题，经过检验，跨文化因素主要包括跨文化教学和跨文化人际关系两个大的维度。

二是对高校外籍教师工作压力管理对策的提出提供了理论依据。跨文化管理理论不仅揭示了文化差异性对高校外籍教师工作压力产生的影响，即他们从异域文化背景下来到中国，对于不同的生活习惯、交往规则、教学方法、学生的学习情况都需要一定的过程来适应，而在这个适应的过程中往往会产生很多困惑，人际关系交往障碍、教学方式和方法不受学生欢迎、对学校的管理制度难以接受、感到难以融入集体之中等都会给他们带来压力，这种压力往往会影响他们的工作效率。① 同时，这一理论也告诉我们，文化的融合需要一个过程，其中组织管理起着决定作用。因此，作为管理主体的高校，应该想办法在制度设计、活动举办、服务质量等方方面面帮助他们尽快消除这种跨文化适应的负面影响。跨文化管理理论不仅能够为高校外籍教师工作压力的研究提供一种全新的考察视角，而且能够为高校外籍教师工作压力提供一种分析框架。

三 激励理论

斯蒂芬·P. 罗宾斯从组织成员个人意志的角度对激励下了定义，认为激励就是通过高水平的努力实现组织目标的意愿，② 而这种高水平的努力是以个体需要的满足为前提条件。这种对激励的定义是基于行为科学认知基础之上的，行为科学认为"需要是人的动机和行为的根源，激励是在个体内在需要的基础上，辅以外界刺激来强化组织成员行为的过程"。20世纪中期以来，国外社会学、心理学和管理学领域的研究者，为了能调动员工的积极性和创造性，从正面激发其行为，总结和概括了一些激励员工的方法和原则，最具代表性的有行为修正型激励、过程性激励和内容型激励三种类型。③ 在三种类型中又包含了以下三种最具有代表性的激励理论，即"需要层次论""双因素论"和"成就需要激励理论"。

（一）马斯洛的需要层次理论

马斯洛是美国最著名的心理学家之一，在其著作中，首次提出了人类需要层次论，即按发生阶段的先后和对个体的重要程度把人的需求分为五个层次：生理的需要、安全的需要、感情的需要、尊敬的需要、自我实现的需要。马斯洛认为，人们追求各种需要被满足的顺序一般按照

---

① 袁源：《XN财经大学外籍教师管理研究》，硕士学位论文，西南财经大学，2011年，第10页。
② ［美］斯蒂芬·P. 罗宾斯：《组织行为学》，中国人民大学出版社1997年版，第45页。
③ 袁源：《XN财经大学外籍教师管理研究》，硕士学位论文，西南财经大学，2011年，第11页。

上述五个层次的先后次序来进行。等级越高的需求越难以获得满足，等级越低的需要，获得满足的机会越大。从马斯洛的需要层次理论可以得到这样的结论：满足个体的需要是具有规律性的，当个体的低层次需要被满足之后，才会去追求更高层次需要的满足，对物质需要满足之后就产生了对精神需要的追求，生理需要满足之后就开始了对心理需要的满足。[①] 但是，实践证明，这种规律并不是绝对的，有时多种需要是共存的。

（二）赫茨伯格的双因素理论

赫茨伯格提出的激励保健理论为本书对高校外籍教师工作压力源的分类提供了理论基础。他将影响个体工作效率的因素分为保健因素和激励因素两类。激励因素主要是个人的内部因素，诸如责任感、工作成就感、工作成绩得到认可、工作本身、工作晋升、成长发展空间等，看起来仿佛与工作满意度有关，但组织通过对这些因素进行合理激励，就会提高组织绩效；而很多使人们对工作不满意的因素通常是外部因素，如政府出台的政策、与组织成员的关系、组织管理制度以及工作条件等，无论这些因素处理得多么好，都不会激发成员的积极性，可一旦不完善，就会引起成员的抱怨，这样的因素就是保健因素。根据这两个因素的特征，赫茨伯格提出：管理者对那些引起员工不满意的保健因素进行消除，只能消除矛盾和冲突，起不到激励员工的作用，要想激励员工，提高组织管理绩效，需要对责任、成就以及晋升等激励因素进行刺激。[②]

（三）公平理论

组织成员对个人的劳动付出与劳动回报所进行的评价会影响员工的工作态度，这是公平理论关注的焦点问题。公平理论认为，组织成员对付出和回报比的评估通常会有两种衡量方式，一是对自己所付出的努力与自己所获得的报酬进行比较，衡量是否合理；二是把自己获得的报酬与各种条件和自己相似的其他人所获得的报酬进行比较，当组织成员发

---

① [美] 马斯洛：《人类动机的理论》，许金声等译，中国人民大学出版社 2007 版，第 15 页。

② [美] 弗雷德里克·赫茨伯格：《赫茨伯格的双因素理论》，张堪译，中国人民大学出版社 2009 年版，第 98 页。

现自己得到的报酬与付出之比低于他人时,就会产生不公平感、紧张感和不满意等情绪,[①]继而产生一定压力,其工作效率则会降低。

(四)激励理论对本书的指导作用

激励理论对本书中访谈提纲和问卷调查维度的确定以及高校外籍教师工作压力管理对策的提出均提供了理论支持。受到马斯洛的需要层次理论启发,本书在对高校外籍教师工作压力源的确定上,以高校外籍教师的五个需求层次(生理的需要、安全的需要、感情的需要、尊敬的需要、自我实现的需要)为视角,分析外籍教师个体有哪些需要没有得到满足,进而对他们造成了困扰,比如对于工资福利较低的高校外籍教师,生存需要是他们最为关注的事情,物质需要带给他们的压力就稍大些;对于那些因职业发展无路而困惑的外籍教师,更高层次需要带来的压力就大些。同时,本书可以依据马斯洛的需要层次理论,针对他们各层次需要的满足情况,提出通过满足其需要减少他们消极工作压力的对策,比如提高工资待遇,满足他们的生理需要,创设交流机会,满足他们的感情需要,创设职业发展路径满足他们自我实现的需要等。

赫茨伯格的双因素理论为高校外籍教师工作压力源的调控提供了理论来源,为高校外籍教师工作压力来源的分类提供了理论依据。工作压力感受的大小,并不能说明每种工作压力源要素引起的工作压力大小,而且每种压力源要素引起的工作压力性质也是不同的。根据这一理论,在高校外籍教师工作压力管理过程中,不仅要预防和调控那些引起外籍教师不满意情绪的保健因素,还要对那些能够激发其工作积极性的激励要素进行设计。

根据公平理论的内涵,在研究高校外籍教师工作压力来源时,注意考察高校在外籍教师管理制度、管理过程、工资待遇等方面是否存在不公平之处,从而在高校外籍教师工作压力管理对策中提出消解可能引起不公平压力来源的举措。

---

① 龚春梅:《江西高校外籍教师激励方案研究》,硕士学位论文,南昌大学,2010年,第8页。

第三章

高校外籍教师工作压力实证调研设计

工作压力是一个复杂的心理过程，它既有共性，也有个性，其个性主要表现在群体差异和个体差异方面。为全面了解高校外籍教师的工作压力现状、工作压力来源、工作压力的影响，本书在借鉴其他研究文献的基础上，对高校外籍教师管理人员、外籍教师分别进行了问卷调查和访谈。这些实证材料的获得，以及研究结论能够为高校外籍教师工作压力管理对策提供有力的依据。

第一节 高校外籍教师工作压力访谈提纲的设计与实施

访谈研究法是一种质性研究方法，是根据研究者预先设定的核心问题，研究者与研究样本之间进行直接交流，进而收集相关资料的定性研究方法。调查量表和调查问卷都是依据访谈收集的信息来进行制作和编制的，因此，访谈法也是定量研究不可缺少的研究方法之一。访谈法分为小组访谈和个人访谈两种形式，后者相对来说花费时间成本较高，因此，本书在访谈过程中根据不同情况，综合运用了两种形式，既节约了访谈的时间成本，也获得了真实而详细的一手材料。

一 访谈对象的选取

为了从不同角度了解高校外籍教师的工作压力情况，本书对高校外籍教师管理人员和高校外籍教师两个群体分别进行了访谈，力求得到更为全面的信息。

在高校外籍教师访谈样本的选择上，本书选取了辽宁省10所高校的30名外籍教师作为访谈的对象，10所高校中囊括了重点大学、省属院校、市属院校；30名外教中，在岗位、年龄、性别、来华任教年限等方面均有所区别，他们的基本情况如表3—1。

表3—1　　　高校外籍教师访谈样本基本信息（N=30）　　　（个，%）

项目	类别	人数	百分比
年龄	30岁以下	8	26
	31—40岁	5	16
	41—50岁	6	20
	50岁以上	11	38
性别	男性	19	63
	女性	11	37
来华任教年限	1年之内	7	24
	2—5年	14	46
	5年以上	9	30
工作岗位	语言教学	21	70
	其他专业课教学	5	16
	科研兼教学	4	14
文化背景	欧美籍外教	12	40
	非洲籍外教	8	16.5
	亚洲籍外教	7	13.5
	华裔外籍教师	3	10

资料来源：根据访谈记录整理而得。

在外籍教师管理人员访谈样本的选择上，在与受访外籍教师相对应的10所高校中选取了20名管理人员，他们在职务、性别、工作年限、主管业务等方面各不相同，具体信息如表3—2：

表3—2　　高校外籍教师管理人员访谈样本基本信息（N=20）　　（个，%）

项目	类别	人数	百分比
年龄	30岁以下	6	30
	31—40岁	5	25
	41—50岁	6	30
	50岁以上	3	15
性别	男性	9	45
	女性	11	55
在岗工作年限	1年之内	1	5
	2—5年	10	50
	5年以上	9	45
职务	处级干部	9	45
	科员	11	55

资料来源：根据访谈记录整理而得。

二　访谈提纲的内容

根据克威尔对访谈提纲内容设计提出的建议，在对高校外籍教师访谈提纲进行设计时，要尽量做到访谈问题的简单易懂，为了保障访谈的信度，可以利用探测性问题、重复性问题以及介绍性问题，访谈的每个问题必须与事实相符，坚决将无关内容剔除。访谈提纲的结构一般分为基本信息和访谈问题两个部分，基本信息包括姓名、性别、职位、工龄、学历等。[①]

（一）高校外籍教师访谈提纲的内容

对外籍教师进行访谈，主要目的是了解外籍教师一段时间之内工作压力的大小、工作压力的来源、工作压力给他们的心理、生理和行为带来哪些影响以及工作压力产生的根源。根据访谈的目的，以及访谈提纲设计的原则，访谈提纲主要围绕以下问题展开：请您简单介绍自己的基本情况（年龄、国籍、教龄、任教学科等）。近一段时间以来您在工作中是否感到了压力？大小程度如何？可以谈谈您在哪些方面感受到压力了

[①] 陈向明：《质的研究方法与社会科学研究》，教育科学出版社2000年版，第177页。

吗？您经常有心慌、胸闷、耳鸣等现象吗？您经常会因为工作上的事情而焦虑甚至失眠吗？您感到最近一段时间的工作效率是否让您满意呢？围绕以上这些问题进行设计，问题可以具有重复验证性，也可以具有探测性。具体的外籍教师访谈提纲见附录 A。

（二）高校外籍教师管理人员访谈提纲的内容

对外籍教师管理人员进行访谈的目的是从管理者的视角了解外籍教师工作压力的大小、工作压力的来源以及工作压力对外籍教师乃至学校教育教学的影响，力求与外籍教师的访谈进行对照，取得相互印证。通过与几个熟悉的外籍教师管理人员提前进行了非正式的交谈，了解了部分高校外籍教师管理情况，将访谈内容聚焦到了以下几个主要问题：您主要负责外籍教师管理中的哪方面业务？您能给详细介绍一下贵校外籍教师的数量、国籍、来华时间、所从事的岗位吗？在您看来，外籍教师是否存在工作压力？他们工作压力的程度如何？感觉他们最严重的工作压力是来自哪个方面？工作压力是否给部分外籍教师带来了负面影响？贵校的外教是否存在无故不上课、经常迟到早退等现象？有因为身体状况不好、情绪差等原因经常向您所在的部门请假的外教多吗？您认为学校在哪些方面做得还不够令外籍教师满意？外籍教师经常会向您的部门提出自己不同的看法吗？针对这些问题进行访谈提纲设计，具体访谈提纲见附录 B。

三 访谈的实施过程

对外籍教师和外籍教师管理人员的访谈几乎是同步进行的，为了节约时间成本，基本是以高校为单位一个个进行走访的。访谈时间从 2013 年 10 月起至 2014 年 9 月止，鉴于外事工作的特殊性，在访谈进行前，在高校外事部门人员的帮助下，与该校的外籍教师进行了前期沟通，主要介绍本次访谈的主要目的，让他们了解访谈目的后，多数外籍教师都显得非常兴奋。在承诺对本次访谈的内容进行绝对保密之后，对本书的核心概念进行了简要的解释。接着与被访谈对象从介绍其基本情况开始交谈，逐渐引导到工作压力问题。因为高校外籍教师 80% 以上为语言教学类教师，还有一小部分为专业课教学类，所以我国的高校外籍教师基本上都是教学岗位的教师。虽然所教学科不同，但其工作的程序基本相同：①与聘用单位签订合同后，选择合适的教材；②备课；③上课；④对学生进行测验；⑤组织或参与学生的课外活动（有的是合同规定，计工作量，有的则为自愿，不计工作量）。为了增大访谈材料的信度，对所有受访者间隔一段时间进行了二次回访，有的甚至进行了三次回访。每次访谈都带好录音笔进行录音，同时做好访谈记录。访谈结束后，本书对整理好的访谈记录进行了编码，外籍教师访谈记录的编码规则是"W + 年份 + 访谈序号"，W 代表外籍教师，年份表示访谈年度，序号代表访谈顺序即访谈的第几位外籍教师。如"W201416"代表这段访谈记录来自 2014 年受访的第 16 位外籍教师。外籍教师管理人员访谈记录的编码规则是"G + 年份 + 访谈序号"，G 代表外籍教师管理人员，年份表示访谈年度，序号代表访谈顺序即访谈的第几位外籍教师管理人员。如"G201410"代表这段访谈记录来自 2014 年受访的第 10 位外籍教师管理人员。

第二节 高校外籍教师工作压力问卷的编制

问卷调查法作为定量研究最重要的方法之一，在各类研究中得到了国内外学者的普遍运用。[1] 本书在以上问卷设计原则的启发和指导下，根据访谈和工作压力理论，对高校外籍教师工作压力调查问卷进行了理论构想，根据本书的主要目的确定了高校外籍教师工作压力调查问卷的目的——探究高校外籍教师工作压力产生的来源情况、工作压力强度情况、工作压力对个体产生的影响情况。相应地，将高校外籍教师工作压力调查问卷的内容设计为三个部分：第一部分是高校外籍教师的基本信息；第二部分是高校外籍教师工作压力源问卷；第三部分是高校外籍教师工作压力反应问卷。第二、三两个部分是问题的主体所在。

---

[1] 贾子若：《铁路机车司机工作压力与安全绩效关系研究》，博士学位论文，北京交通大学，2014 年，第 42 页。

一 高校外籍教师工作压力源问卷的编制

在文献分析过程中,没有发现针对高校外籍教师的工作压力源问卷,国内外已有的压力源问卷,如 Cooper 的工作压力指标量表、McLean 的工作压力问卷、曾晓娟的大学教师工作压力源问卷、叶青的海外国际汉语教师工作压力源问卷等,由于测量群体的不同,都不能包含所有的高校外籍教师工作压力源。[①] 因此,本书在以上工作压力源问卷的基础上,结合对高校外籍教师工作压力情况的访谈,编制了高校外籍教师工作压力源问卷,具体编制步骤如下。

(一) 文献分析

本书在第一章和第二章对工作压力产生的机制,以及工作压力形成要素的分析中,把握工作压力内涵的基础上,根据工作压力生成理论、跨文化适应理论,初步分析出高校外籍教师工作压力源问卷的评测点(项目)。

(二) 对部分外籍教师进行访谈和开放式问卷调查

本书为了解高校外籍教师工作压力的来源主要包含哪些方面,分别对选定的 10 所辽宁高校任教的多名不同类型的外籍教师进行访谈。访谈时,为了让被试者准确把握访谈意图,需要向被试者介绍工作压力的内涵,引导被试者根据自己的经验和理解,对自己体会到的工作压力内容进行逐一列举。通过访谈记录发现,高校外籍教师对工作压力来源的回答,主要集中在工资收入和发放的福利、学生的学习态度及管理问题、教学工作量和科研工作量、学校管理制度、跨文化教学、跨文化人际关系、个人职业发展七个方面。为了克服访谈可能出现遗漏的弊端,本书又对被试者发放了开放式问卷,做进一步调查,开放式问卷主要围绕以下问题展开:(1)您认为在您的工作过程中存在压力吗?(2)如果有压力的话,您感到压力主要来自哪些方面?(3)您觉得这些压力给您带来了哪些影响?

---

① 叶青:《海外国际汉语教师工作压力实证研究》,硕士学位论文,华东师范大学,2011年,第17页。

(三) 对项目进行初步归类,并对初始问卷进行评定

接着,本书把对高校外籍教师的访谈记录和开放式问卷调查进行了整理,初步得到一些问卷条目。结合国内外的教师工作压力源问卷,对这些条目进行初步删选和归类,编制了高校外籍教师工作压力源的初始问卷,问卷设计依据工作压力交互作用理论,将外部工作压力源和个性特质结合起来编制条目,共 36 个项目。

初始问卷形成后,本书为了检验初始问卷的可读性和适切性,邀请了 3 名高校外籍教师对问卷进行试答,在听取他们的建议后调整了问卷的可读性,确保问卷项目能真正反映出高校外籍教师工作压力源的内容。邀请了 5 名英语专业研究生对语言进行了进一步修订、评定项目的适当性和问卷的科学性。(高校外籍教师工作压力源初始问卷见附录 C)

(四) 预研究

本书为检验问卷的信度和效度,在正式施测之前,笔者用初始问卷进行了小范围的调查。问卷计分方式采用里克特五点计分法,1 代表没有压力,2 代表有些压力,3 代表压力一般,4 代表压力较大,5 代表压力很大。预试对象为来自辽宁 5 所高校的 75 名外籍教师。最终回收问卷 71 份,其中有效问卷 70 份。本书对预试数据进行了如下分析:(1) 对初始问卷的 36 个项目进行因素分析。采用主成分分析方法抽取主要因子,用正交方差极大法进行因素分析旋转,结合碎石图和特征值大于 1 的原则,经过多次探索得到因素结构;(2) 计算各项目分数与总分的相关,删除与总分相关太低的项目(低于 0.30);考察每个项目的共同度和负荷值,从而确定项目的质量高低;删除共同度较低的项目(低于 0.40)及因素负荷值过低的项目;(3) 删除虽对同一公因子影响显著,但明显与其他项目不属于同一类的个别项目以及同时在两个或以上因素上有较高负荷的项目;(4) 删除表达不清及意义模糊的项目;(5) 根据以上分析结果,删除五个项目,确定 31 个项目作为正式调查问卷的题目。

二　高校外籍教师工作压力反应问卷的编制

（一）文献分析

本书对西蒙斯和纳尔森的工作压力反应量表进行分析，以及对国内学者曾晓娟等人的工作压力反应调查问卷的参照，在对高校外籍教师工作压力的消极反应的概念进行分析的基础上，收集了高校外籍教师工作压力反应问卷项目。

（二）对部分外籍教师进行访谈和开放式问卷调查

本书为了解高校外籍教师工作压力反应的表现，在对高校外籍教师进行工作压力来源访谈的同时，也展开了对同一被试样本工作压力反应的访谈，向被试者呈现了本书对工作压力反应的界定，要求被试者根据自己的经验和理解，对自己体验到的工作压力反应进行一一列举。结果发现，高校外籍教师对工作压力的理解主要包括三个方面：生理反应、心理反应和行为反应。为进一步验证访谈的可靠性，本书又通过开放式问卷调查进一步收集了相关资料，开放式问卷包括三个题目，分别是：（1）您在工作中出现过头痛、血压升高、烦躁、易发脾气等情况吗？（2）您觉得这些反应的出现与工作压力有关吗？（3）您是如何克制这些反应的？针对上述题目，要求被试对象尽可能详细、具体地回答。

（三）对项目进行初步归类，并对初始问卷进行评定

本书对高校外籍教师工作压力反应的访谈记录和开放式问卷调查进行了整理，初步得到一些问卷条目。结合国内外的教师工作压力反应问卷，对这些条目进行初步删选和归类，编制了高校外籍教师工作压力反应的初始问卷。初始问卷形成后，本书为检验初始问卷的可读性和适切性，邀请了3名高校外籍教师对问卷进行试答，在听取他们的建议后调整了问卷的可读性，确保问卷项目能真正反映出高校外籍教师工作压力反应的内容。邀请了5名英语专业研究生对语言进一步修订、评定项目的适当性和问卷的科学性。对访谈和开放式问卷调查得到的问卷条目进行归类和汇总。在此基础上，结合国内外有关工作压力反应的问卷，编制了高校外籍教师工作压力反应的初始问卷，共16个项目。（高校外籍教师工作压力反应初始问卷见附录D）

(四) 预研究

为了检验问卷的信度和效度，在正式施测之前，用初始问卷进行了小范围的调查。问卷计分方式采用里克特五点计分，1代表没有，2代表很少，3代表有时，4代表经常，5代表总是。工作压力反应预测问卷与工作压力源问卷作为一个整体问卷发放，预试对象与高校外籍教师工作压力源问卷一样均为75人。回收问卷71份，其中有效问卷70份。运用与工作压力源相同的步骤和方法对预试数据进行了分析。根据分析结果，最后删除了五个不相符的项目，确定11个项目作为正式调查问卷的题目。

三 问卷的发放和回收

正式问卷形成之后，利用简单随机抽样的方法，通过电子邮件的方式向20所具有外籍教师聘请资格的公立高校发放问卷200份，共回收问卷146份，剔除无效问卷5份，最后得到有效问卷141份，问卷有效回收率达到了70%以上，符合问卷调查信度的要求。

第三节　高校外籍教师工作压力个案研究的设计与调研

一 个案研究的抽样

中国高校的外籍教师按照工作岗位来划分，主要有三类，一是从事语言教学的教师，他们占整个外籍教师队伍的80%以上；二是从事专业课教学的教师，他们所占的比例大约在10%以上；三是从事科研工作的教师，他们多是以与某高校进行科研项目合作而引进的，这部分教师所占比例不高，仅占5%左右。为呈现高校外籍教师不同个体工作压力的相同要素，比较不同个体间工作压力各要素的区别，本书从空间距离最近的沈阳市三所高校中分别选取了一名语言教学类教师——卡西、专业教学类教师——米列西奇、科研合作类教师——史密斯。卡西是一名来自西班牙的男性教师，36岁，在S大学外语学院教授外语专业学生西班牙语，卡西来华任教有将近2年的时间。卡西不仅能说一口纯正的西班牙语，他的英语水平也挺高，还能用汉语进行交流，因此外事人员向我推荐了这名外教。他很热情，当明白我的研究目的之后，他欣然同意跟我做朋友，提供帮助。米列西奇是一名俄罗斯籍男性外教，32岁，在H大学机械自动化学院教授专业课，他的英语水平一般，汉语说得也不流利，显得少言寡语。史密斯教授则是在科研领域具有一定成就的英国籍男性外教，51岁，在D大学的一个研究所工作，他是通过与D大学某研究所进行科研项目合作聘请而来的，他对中国文化很了解，能用中文交流，非常热情、开朗。三个研究对象的选取在工作岗位、国籍、年龄等方面均有一定的代表性，会使研究结果具有一定区分度。

二 个案研究目的的设定

选择外籍教师个体进行研究，对个体一段时间的言行进行观察，深入了解外籍教师个体工作压力感受、工作压力的来源、工作压力对个体心理、生理和行为的影响以及工作压力形成的主要原因，对全面了解外籍教师工作压力的特征具有重要意义，这种质性研究方法弥补了访谈法、问卷调查法的不足，虽然付出的时间成本很大，但能够连续性地对个体工作压力情况进行深入了解，符合慢性工作压力形成的规律。

三 个案研究设计的实施

在研究时段上，利用一个学期的时间对三个研究样本进行了跟踪观察。

在研究内容上，主要围绕以下几个方面进行观察：（1）学校提供的工作环境；（2）工资待遇情况；（3）工作负荷考察，包括周课时量、组织课外活动、备课、批改作业等；（4）教学和生活中的师生互动情况；（5）在学校与同事和领导交往的情况；（6）参加学校各类活动的情况；（7）对学校相关规章制度的态度；（8）身体和心理状态的变化；（9）学生对教学效果的反馈。

在研究手段的运用上，一是记录研究对象与其他同事的语言交流，与学生的语言交流，与领导的语言交流情况；二是记录研究对象的行为反应。

第四章

高校外籍教师工作压力实证调研结果与分析

为了从多个视角了解高校外籍教师工作压力，本书利用一年多的时间对高校外籍教师和外籍教师管理人员进行了实证调查。综合运用访谈法、问卷调查法和个案研究法，围绕高校外籍教师工作压力感受、工作压力来源、工作压力影响三个维度对高校外籍教师工作压力现状进行了探究。本书通过实证研究获得了丰富的研究材料，这些实证研究材料为高校外籍教师工作压力管理对策的提出提供了有力的事实依据。

第一节 对高校外籍教师及其管理人员访谈调查结果的分析

本书分别对高校外籍教师和外籍教师管理人员进行了访谈，做了大量的访谈记录，由于受访主体的不同，其立场和观点难免会有差别，因此本书对他们的访谈材料分别进行了整理和分析。

一 高校外籍教师访谈调查的结果

根据高校外籍教师访谈提纲的设计，访谈主要从高校外籍教师对工作压力的总体感受、其工作压力的来源和工作压力的影响三个维度开展。相应地，对高校外籍教师访谈记录的整理也应按照以上三个维度来进行。

（一）高校外籍教师工作压力感受情况

从心理学的角度看，高校外籍教师工作压力的实质是一种心理感受，在对高校外籍教师的访谈中发现,由于受到个人因素以及环境因素的影响,他们的工作压力感受各异,虽然存在不可估量的种种差异,但基本上可以分为五类情况:无工作压力、工作压力较小、工作压力适度、工作压力较大、工作压力非常大。对受访的 30 名外籍教师的工作压力感受进行统计,结果如图 4—1 所示。

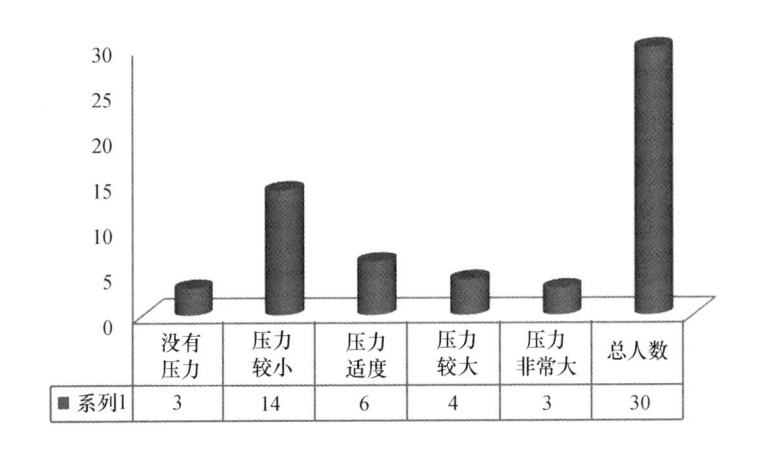

	没有压力	压力较小	压力适度	压力较大	压力非常大	总人数
系列1	3	14	6	4	3	30

图 4—1 高校外籍教师工作压力感受访谈结果统计

(二)高校外籍教师工作压力来源的构成情况

工作压力来源是工作压力产生的核心要素,只有了解工作压力的来源,对工作压力的管理才能有的放矢。在对高校外籍教师的访谈中,他们谈到了很多造成工作压力产生的因素,以下是对访谈记录中的关键词句出现的频率所进行的统计,结果如图 4—2 所示。

从词频统计图来看,在 21 种工作压力来源中,出现频率最高的 10 个压力源分别是福利待遇(被提到 25 次)、医疗保障(被提到 23 次)、融入集体(被提到 21 次)、工资收入(被提到 20 次)、与同事关系(被提到 20 次)、教学设施(被提到 18 次)、培训需求(被提到 18 次)、教学模式(被提到 17 次)、工作量(被提到 16 次)、参与管理(被提到 16 次)、与学生关系(被提到 16 次)。图中 21 种工作压力源有些很相似,可以将这些工作压力源进行如下分类。

第四章 高校外籍教师工作压力实证调研结果与分析

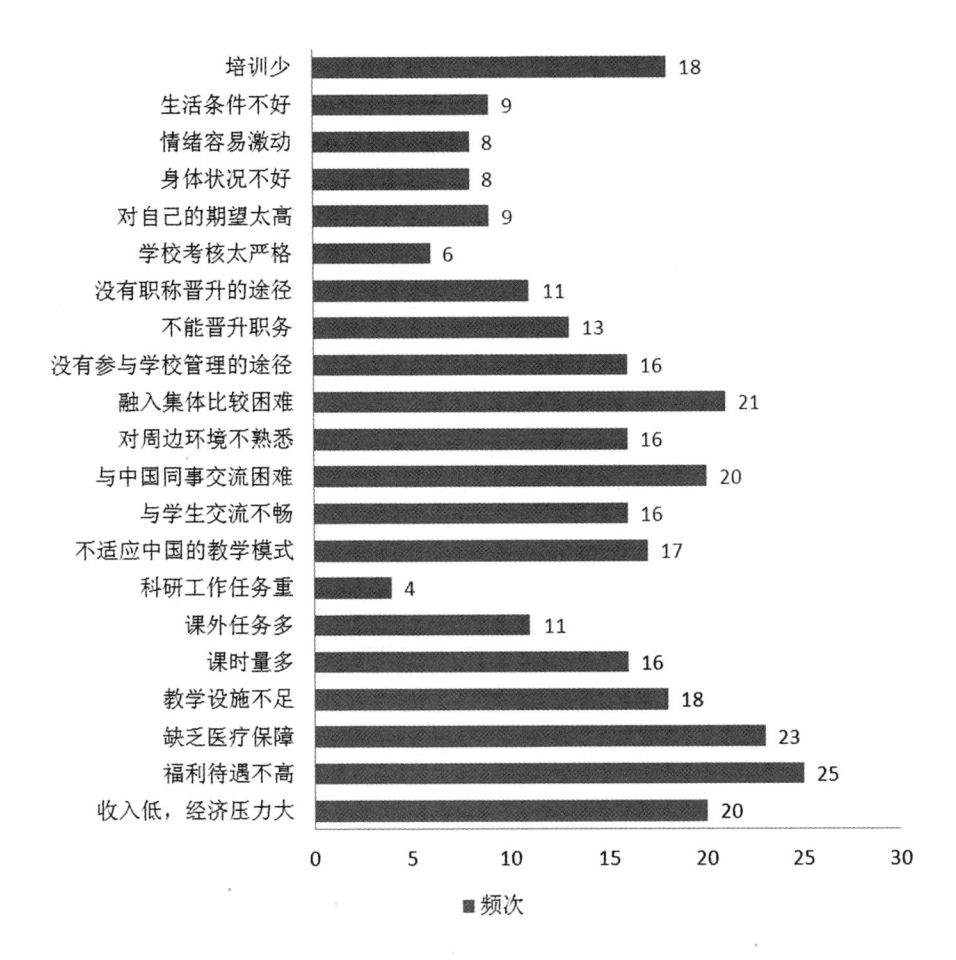

压力来源	频次
培训少	18
生活条件不好	9
情绪容易激动	8
身体状况不好	8
对自己的期望太高	9
学校考核太严格	6
没有职称晋升的途径	11
不能晋升职务	13
没有参与学校管理的途径	16
融入集体比较困难	21
对周边环境不熟悉	16
与中国同事交流困难	20
与学生交流不畅	16
不适应中国的教学模式	17
科研工作任务重	4
课外任务多	11
课时量多	16
教学设施不足	18
缺乏医疗保障	23
福利待遇不高	25
收入低，经济压力大	20

图4—2 高校外籍教师工作压力来源访谈词频统计

维度一，工资待遇。主要指由于工资、福利和医疗保障等物质条件不能满足外籍教师需求而引起的工作压力。中国高校的外籍教师主要从事语言教学，他们的工资因学历、职称而不同，但大多数人的工资均在3000—5000元。访谈中，从事语言教学的外籍教师多数都反映工资低会给他们带来工作压力；而从事专业课教学和科研的教师工资相对较高，他们中的多数人认为工资收入没有给他们带来太多压力。各个高校外籍教师的福利水平基本一致，一般包括每年报销1—2次假期回国探亲往返机票、新年或圣诞节礼物等，个别学校发放年终奖金。访谈中，外籍教师对福利方面表示不满意的占极少数。在医疗保障方面，受访的多数外籍教师表示不满，虽然国家下发过为外籍专家缴纳职工医疗保险的相关文件，但在实施过程中，由于种种因素，很多高校没有认真执行，多数高校只为外籍教师缴纳人身伤害险和限额医疗保险。

维度二，跨文化教学。主要指在跨文化差异基础上产生的教学方式差异、教学方法差异、教材提供和学生学习方式差异等方面引起的工作压力。访谈中，很多外籍教师对自己的教学方法、教学方式是否适合中国学生，是否能达到预期的教学效果很担心，这种担心即成为压力。由于文化背景、教育背景的不同，外籍教师在短时间内很难了解中国学生的学习方式和学习基础，所以往往会产生不适应现象。

维度三，跨文化人际关系。人际关系导致的工作压力指与同一工作环境中的同事的人际关系、上下级间的人际关系造成的压力。跨文化人际关系带来的压力主要指由于文化差异和语言不同引起的外籍教师与学校领导、外事管理人员、同事以及学生之间的沟通不畅、关系紧张、甚至难以融入集体的压力。在访谈中，很多外籍教师表示由于语言和文化的差异，与中国的领导、同事和学生沟通少，总感觉没有归属感，有些教师因此非常苦恼。

维度四，工作负荷。是指在工作中付出的劳动时间和投入的精力超出身心承载能力造成的压力。对于语言教学型的外籍教师，他们的工作负荷主要由课时量（一般以周课时数量计算）、备课、批改作业、组织课外活动等构成。对于科研型外籍教师，他们的工作负荷主要由科研项目的大小、科研项目的周期要求以及科研项目的数量而决定。访谈中发现，多数教学型外籍教师认为工作负荷带来的压力不大，只有少数认为承受的压力较大，而科研教学型外籍教师的情况恰恰相反，大多数科研型外籍教师认为工作负荷的压力较大。

维度五，组织管理。组织管理所带来的工作压力是指由高校内部管理体制、管理模式、管理措施及制定的管理制度等给高校外籍教师造成的工作压力。中国高校外籍教师的二元管理体制已经执行了很多年，与时代的进步相比显得僵化落后，已不能很好地适应新时期的要求。此外，从高校组织管理模式来看，要求教职员工被动服从较多，提供他们主动参与的机会较少，尤其是高校外籍教师，他们难以从中找到认同感及归属感，这一系列的问题都会给高校外籍教师带来工作压力。在对高校外籍教师的访谈中，他们举出很多这样的例子，比如高校外籍教师的考核评价制度不完善、针对高校外籍教师的各类培训少、与其他同事沟通的机会较少、很多管理制度显得冗余，管理以处罚为主等。

维度六，职业发展。职业发展所带来的工作压力是指由于高校不能满足外籍教师个体在职业发展上的要求而对外籍教师个体形成的压力。例如职务晋升困难、职称晋级无路都会使高校外籍教师感受到压力。中国的高校外籍教师与本土教师实行二元管理制度，外籍教师没有相应的职称评定机制，基本上没有继续教育、参加国内教育教学研讨会的机会。另外，高校外籍教师也鲜有人能晋升为基层管理者，进入高校管理岗位的人更是少之又少。同时，高校提供的培训针对外籍教师开设的很少，高校对外籍教师的职业发展没有给予足够的重视。在对高校外籍教师的访谈中，他们在职业发展方面抱怨最多的是：对自己未来的职业发展很迷茫，在业务进修上没有途径，在职务晋升上没有空间等。

维度七，个人因素。个人因素带来的工作压力主要是指由高校外籍教师个人能力或个性特征引起的工作压力。个人能力包括教学或科研经验的丰富程度、相关知识的储备情况等；个性特征包括个人期望值高、情绪易激动、抑郁型人格等。个人能力和个性特征往往会影响其承受工作压力的能力，从而影响其对工作压力的感受。

（三）高校外籍教师工作压力的影响情况

工作压力的影响主要有三个方面，一是对外籍教师心理的影响，二是对外籍教师生理的影响，三是对外籍教师行为的影响。从影响的性质看，可以分为积极影响和消极影响。在访谈中，少数外籍教师出现了心理反应，还有的出现了生理反应，极个别的出现了行为上的异常。根据访谈记录，本书对这些反应进行了统计，结果如表4—1。

表4—1　　　　　　　高校外籍教师工作压力反应统计

工作压力影响	压力反应	经常出现	百分比（%）	偶尔出现	百分比	没有出现	百分比（%）
对心理的影响	焦虑	2	6.7	4	13.3	24	80
	失眠	3	10	6	20	21	70
	抑郁	4	13.3	4	13.3	22	73.3
	情绪低落	4	13.3	6	20	20	66.7
	注意力不集中	2	6.7	4	13.3	24	80
对生理的影响	头痛	2	6.7	3	10	25	83.3
	胸闷	1	3.3	2	6.7	27	90
	耳鸣	2	6.7	3	10	25	83.3
	易疲劳	9	30	7	20.3	14	49.7
	记忆力下降	6	20	6	20	18	60
对行为的影响	爱发脾气	5	16.7	6	20	19	63.3
	经常迟到、早退	2	6.7	4	13.3	24	80
	有过激行为	2	6.7	3	10	25	83.3
	反应迟钝	3	10	5	16.7	22	73.3

资料来源：根据访谈材料分析自行设计而得。

从统计结果来看，高校外籍教师因压力出现不良反应的人数所占比例不高，与对其工作压力感受的统计结果基本吻合，说明整体上外教的工作压力水平不是很高。尽管外教工作压力的负面影响不是很突出，但这并不能表明高校外籍教师的工作压力已经在一个令人满意的水平上。一是工作压力反应跟工作压力水平并不一定成正比，根据曾晓娟的研究，工作压力与工作压力反应之间不仅存在正相关关系，还存在高工作压力低压力反应、低工作压力高压力反应的情况；二是即便只有少数外籍教师有明显的工作压力反应，这也需要高校足够重视，进行主动干预；三是根据工作压力与工作绩效的关系，如果高校外籍教师工作压力不高，也会降低他们的工作效率。

不同的高校外籍教师对工作压力带来的影响有着不同认知，有的认为工作压力对自己造成了很大的困扰，有的认为有一点工作压力能够提高自己的工作效率。下面的两段访谈摘要就能说明这个问题。

沈阳某高校的外语教师 Jim 说，他不喜欢工作压力，喜欢在轻松自在的环境下工作。刚来中国的时候，由于对中国文化的不适应，课堂上中国学生很不爱参与其中，课堂气氛十分沉闷，为此他很是苦恼，有时候会为此失眠，有时还爱发脾气，工作积极性降低，教学效果也不好。后来，他跟其他外教进行了交流，逐步掌握了一些激发学生参与教学积极性的技巧，一切都变得好起来。（W201413）

大连市某高校的外教 Kail 这样描述，他认为目前他感到的工作压力水平还是合适的，没有出现那些负面的工作压力反应，自己感到工作目标很明确，每天工作热情都很高，工作效率也很高。他说外教也需要一定的工作压力，没有压力就会失去工作动力。（W201416）

二 高校外籍教师管理人员访谈调查的结果

高校外籍教师管理人员是与外教接触最多的人群之一，对外籍教师的工作、生活以及行为、心理变化都比较了解。他们对外籍教师工作压力的看法是否与外籍教师一致呢？本书对外籍教师管理人员的访谈记录进行了整理，围绕外籍教师的工作压力强度、工作压力来源和工作压力影响三个方面进行了分析。

（一）高校外籍教师工作压力强度总体不大，具有个体和群体差异

在对 20 名高校外籍教师管理者进行访谈的过程中，有 18 人认为所在高校的外籍教师工作压力不大，占到了总数的 90%，另外 2 人认为他们所在学校的外籍教师工作压力偏大，他们的判断标准主要来自与外籍教师的交谈、与学生的交流，还有对外籍教师行为的判断。

沈阳市某高校的外事处副处长 Q 的观点就很有代表性，他认为："我们学校的外籍教师构成基本有两类，一类是语言教学类外教，另一类是科研项目合作性质的科研型外教，因为学校对这两类外籍教师的要求不同，所以他们的工作压力强度是不一样的，那些科研型外教的工作性质复杂，工作任务的难度大，所以他们感受到的压力就大些。相对来讲，那些语言类外籍教师的工作任务难度就小一些，主要完成课时量，获得多数学生的认可就可以，因此，外籍教师的工作压力是有群体差异的，

不能一概而论,您要问我他们的压力水平究竟到什么程度,这个不好测量,但从他们的行为表现来看,压力强度不是非常高,我们经常找外籍教师开座谈会,关心他们的工作和生活情况,他们向我们诉说负面情绪的情况不多,感到工作压力大的外教数量也很少,所以从总体来看,我们学校外教的工作压力水平不是很高。"(G201410)

与 Q 处长描述相类似的高校外籍教师管理者还有很多,从中可以得出这样的结论,总体上看,高校外籍教师的工作压力水平不高,但存在着个体上的差异和群体上的不同。

(二) 高校外籍教师工作压力来源多样,跨文化管理问题突出

面对"您认为哪些因素会给外籍教师带来工作压力?"这个问题,20名受访的管理者给出了不同的答案。

沈阳市某高校的 L 老师认为,在多年的外籍教师管理工作中,有些外教曾因为工资收入低抱怨过,觉得自己收入低经济压力大,产生另谋高就的想法;有的外教独来独往,课外时间很少与中国同事和学生交流,显得很孤独,这样的孤独感也会成为工作压力的来源;还有的外教非常认真,向我们提出了一些改进学校管理的建议,我们向相关部门进行了反映,但很久也没得到反馈,该外教对长时间没得到反馈感到很生气,工作也没有从前那么积极了。(G201417)

某高校的外事处 R 处长向我们分析了所在高校外籍教师的工作压力来源,他认为外教的工作压力源主要来自教学、人际交往、工作保障三个方面。首先在教学方面,外教不怎么了解中国学生的学习特点,也不了解中国学生的学习基础,在语言教学中经常发生学生不配合其教学的事情,有个学生跟他反映:"外教选择的教材太简单,我们在高中的时候都已掌握了这些知识和技巧,他还以为我们是零基础呢,我们上课不爱配合他,他还很生气。"其次,外教做事非常认真,而我们的管理人员都具有中国式办事思维,很多事爱敷衍了事,结果两种办事方式的不同也经常导致不和谐的事情发生,外教对这种办事方式的不理解也是工作压力的一个来源。最后,工资待遇不高,工作条件简陋等也是外教经常反映的问题,这些都会给他们带来烦恼,这种烦恼往往会成为压力源。(G201415)

其他受访者除了与以上两位管理者说法类似之外，也提出了很多其他方面的压力源，有的认为学校管理也存在问题，对外教也会形成压力。从众多的说法中，可以得出这样的结论，外籍教师工作压力来源具有多样性，但跨文化管理方面是主要来源，因为外教来到中国以后，在跨文化适应的过程中经常会碰到很多障碍，这些障碍往往会成为压力的来源，而高校对这种跨文化适应的管理还很欠缺，未能及时引导和解决这些障碍。

（三）高校外籍教师工作压力带来的影响不显著，具有隐蔽性

在访谈中，大部分外籍教师管理者认为，外籍教师工作压力反应不明显，因为在与外教交流的过程中，只有极少数外教提到过自己经常失眠或者孤独感比较强。即使有的外籍教师确实存在抑郁、健忘、身体疾病等症状，但这在他们看来属于隐私，一般是不会向他人倾诉的，作为管理者也不会轻易去询问这样的敏感问题。对于这些问题的了解往往是通过学生，比如在跟学生交流时，管理者往往会询问外教的课堂表现，而据学生反映，上课爱发脾气，责任心不强，偶尔迟到早退的外教是存在的，但整体上看所占比例很小。如果说工作压力对外教生理、心理和行为的影响是难以测量的，具有很大的隐蔽性，那么相比较而言，工作压力对外籍教师工作效果的影响是可以测量的，主要是通过学生在学期末的评教工作中反映出来。从各个高校外教管理者的描述中，可以发现，大部分高校的学生对外籍教师的工作满意度不是很高，学生们上外教课的诉求，主要在于学习地道的外语或者是学习科技前沿的知识和信息，而很多外籍教师不了解中国学生的这些诉求，或者由于能力问题，他们难以满足学生的这种需求。另外，工作效率的高低与工作压力的大小有关，根据工作压力与工作绩效关系理论，工作压力过大和过小都会导致个体工作效率的下降。大部分外籍教师管理人员认为，外籍教师工作效果不理想，既有工作压力大的影响，但更多的是由于工作压力不足导致的。

三 访谈调查的结论

通过对高校外籍教师访谈记录的整理与分析，从高校外籍教师和外

籍教师管理人员两个不同群体的视角对高校外籍教师工作压力进行的全方位考察，根据前文的分析结果，得到以下几点结论：

第一，高校外籍教师工作压力来源多样，大多属于高校组织管理的范畴。从微观层面看，在对高校外籍教师进行的访谈中，外籍教师提及最多的压力来源有21种，在这21种压力来源中，除了5种属于个人因素外，其余的都与组织管理有关。在对高校外籍教师管理人员的访谈中，管理人员也认为学校内部管理，尤其是跨文化管理是主要压力来源。从宏观层面看，外籍教师工作压力来源可以分为工资待遇、跨文化教学、跨文化人际关系、组织管理、职业发展、个人因素、工作负荷七个维度。这七个维度中，除了个人因素外，其他都与高校管理有着密切关系，即使是个人因素，也是受到高校管理的影响而产生的。可以说，虽然高校外籍教师工作压力源呈现多样化，但基本都与高校管理有关。因此，高校对外籍教师工作压力进行干预，主要在于对内部管理的调整。

第二，不同群体在工作压力来源各维度上的工作压力强度差异明显。访谈中发现，虽然高校外籍教师的总体工作压力水平不高，但不能说明每种工作压力来源对外籍教师形成的工作压力都是普遍偏低的。比如，从事科研工作的外籍教师，他们承受的由科研负荷引起的工作压力比语言教学类外籍教师的工作压力强度大，来华任教时间长的教师比时间短的教师在跨文化教学压力源上的工作压力明显偏小。

第三，高校外籍教师工作压力的消极影响具有内隐性，积极影响不显著。在访谈过程中，工作压力有消极影响和积极影响的观点得到外籍教师和外籍教师管理人员的一致认同。用工作压力反应来衡量工作压力消极影响的程度，总体上看，工作压力对外籍教师造成的消极影响不大，这与外籍教师工作压力属于慢性压力有关，只有一定强度的工作压力持续不断地作用于个体，个体才可能出现心理、生理和行为反应，而这些反应具有一定的滞后性，鉴于很多工作压力都是具有阶段性、动态性的，因此，个体对工作压力的反应不是十分明显。另外，有些外籍教师能够及时化解工作压力，尽管面对的现实压力较大，他们也只产生极其微弱的压力反应甚至不产生压力反应。所以说，以工作压力反应作为主要指标的工作压力影响隐性特征明显，难于测量。外籍教师工作压力的积极影响在于工作热情高、有工作责任感等，最直接的标志是工作效率高。从实证调查结果来看，外籍教师工作效率并不高，因此，外籍教师工作压力的积极影响亦不显著。

第二节 对高校外籍教师工作压力问卷调查结果的分析

高校外籍教师工作压力问卷共分为三部分，第一部分是对被试对象基本情况的了解，第二部分是高校外籍教师工作压力源问卷，第三部分是高校外籍教师工作压力反应问卷。本书将对这三个部分的内容分别进行统计分析。

一 被试高校外籍教师基本信息统计分析

本书根据问卷第一部分的设计，主要从被试高校外籍教师群体的年龄构成、性别构成、国籍构成、学历构成、工作岗位、来华任教时间、所在学校类型七个方面进行统计。

（一）年龄构成

通过对调查问卷的统计，被调查者的年龄构成如图4—3：在141位外籍教师中，年龄在20—24岁的外籍教师有15人，占比为10.6%；年龄在25—29岁的外籍教师有52人，占比为36.9%；年龄在30—39岁的外籍教师有13人，占比为9.2%；年龄在40—49岁的外籍教师有19人，占比为13.5%；50岁以上的外籍教师有42人，占比为29.8%。这说明，高校的外籍教师在年龄分布上呈现两头大中间小的特征，精力旺盛、经验丰富的中年教师相对缺乏。

（二）性别构成

根据图4—4的统计结果，可以看出，高校外籍教师队伍中男、女教师数量的比例基本为1∶1。在发放调查问卷的20所高校内，有75位男性外籍教师，约占接受调查人数的53.4%，有女性外籍教师66人，约占总数的46.6%。男女比例基本相当的原因可能在于：一方面，各个高校在招聘外籍教师时，对外籍教师的性别并没有特殊的规定，基本做到了

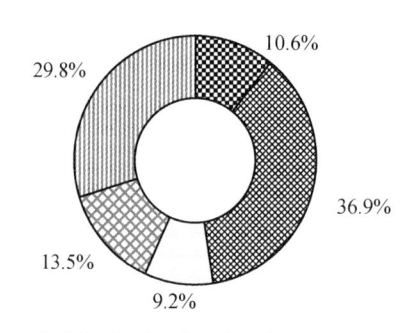

图4—3　高校外籍教师年龄结构分布

图例：▨ 20–24岁　▨ 25–29岁　□ 30–39岁　▨ 40–49岁　▥ 50岁以上

数据：10.6%、36.9%、9.2%、13.5%、29.8%

男女一视同仁；另一方面，外籍教师在决定到中国高校任教时，男性外籍教师和女性外籍教师的个人意愿也没有太大的差异。

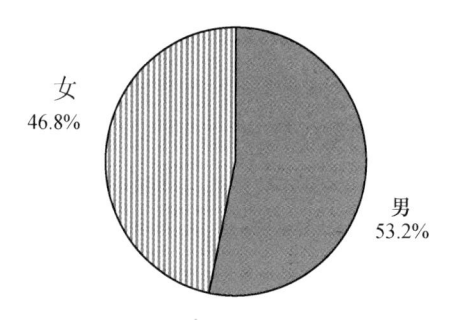

图4—4　高校外籍教师性别结构分布

女 46.8%　男 53.2%

（三）国籍构成

图4—5 的统计结果显示，高校外籍教师主要来自俄罗斯、加拿大、亚洲国家、美国、外籍华裔教师，其中来自美国和亚洲国家的外教数量最多，分别达到了 26.4% 和 29.5%，其次为加拿大籍教师占到 18.3%，再次为俄罗斯籍教师占到了 15.6%，其他国家的外籍教师占到了 10.2%。从其母语来看，亚洲国籍和俄罗斯籍的外籍教师担任小语种课程教学的较多，大部分外教在中国高校均从事英语语言教学工作，所以，在调查样本中，以英语为母语的外籍教师占绝大多数。

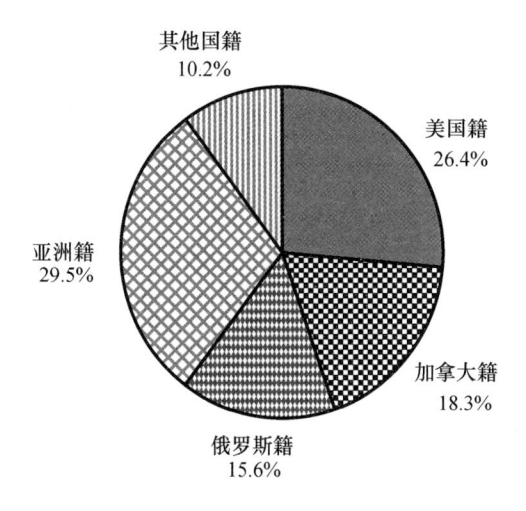

图 4—5　高校外籍教师国籍构成分布

- 其他国籍 10.2%
- 美国籍 26.4%
- 加拿大籍 18.3%
- 俄罗斯籍 15.6%
- 亚洲籍 29.5%

（四）学历构成

高校外籍教师学历统计结果如图4—6，可见高校外籍教师的学历与中国高校的本土教师相比，拥有本科学历的人数比例较大，占接受调查的高校外籍教师总数的70%，高学历的外籍教师相对较少，拥有硕士和博士学位的外籍教师均占11%，其他情况占8%。这样的学历构成状况与中国高校外籍教师需求数量大，而供给数量相对不足有关，供求关系的失衡，导致高校外籍教师聘请条件的降低，一般本科学历就可以在中国高校任教，甚至有些具备教师资格，而学历低于本科的外籍教师也被聘请过来，因此，高学历外籍教师的比例不足是正常现象。

（五）工作岗位构成

高校外籍教师在中国高校从事的工作岗位以语言教学类为主，具体统计结果如图4—7，其中，科研项目合作型外教的数量最少，占7%，语言教学型外籍教师的数量最多，占78%，专业课教学类外教占15%。这样的工作岗位分布，可能与中国的生产力发展水平有关，中国属于发展中国家，科技水平还较为落后，很难吸引国外高水平大学的教师前来从事科学研究工作，而国际化的主要途径是语言交流，因此聘用大量的语言类教师，提高中国大学生外语水平显得更为实用和迫切。

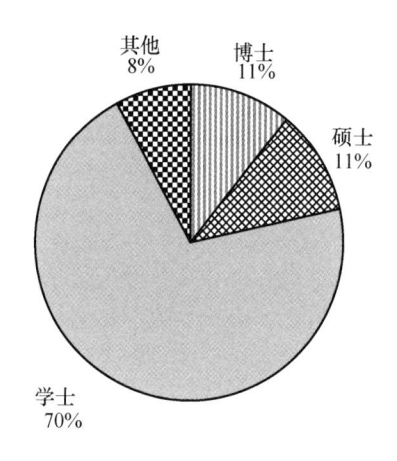

图 4—6　高校外籍教师学历结构分布

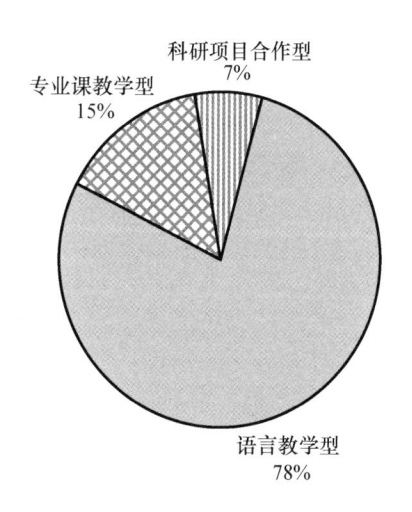

图 4—7　高校外籍教师工作岗位构成分布

（六）来华任教时间构成

根据调查问卷的统计，在141位高校外籍教师中，来华工作1年以内的外教占12.8%，为18人，来华任教2—3年的外教占39.7%，为56人，时间达到3—5年的外教占29.1%，共41人；来华任教时间达到5年以上的外教占18.4%，共26人。可见，能长期在中国高校教学的外籍教师所占比例不高,这主要与中国外籍教师聘请制度有关,中国的外籍教师一般规定聘期不超过 5 年。

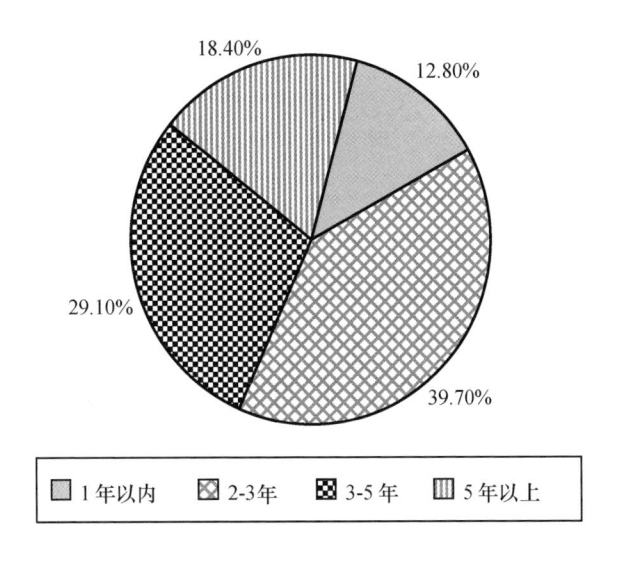

图 4—8 高校外籍教师来华任教时间结构分布

（七）外籍教师所在的学校类型构成

在 141 位接受调查的外籍教师中,有 36 名在研究型大学工作,占比为 25%;有 42 名在教学科研型大学工作,占比为 30%;有 63 名来自教学型大学,占比为 45%。

二 高校外籍教师工作压力源问卷结果与分析

通过对高校外籍教师的访谈和开放式问卷的结果分析,初步提出高校外籍教师工作压力源的相关问题 36 个,经过小样本作答、专家讨论等环节,编制了预测问卷,利用 SPSS15.0 和 AMOS21.0 统计软件对数据进行了统计、探索性因素分析和验证性因素分析。

（一）高校外籍教师工作压力源预测问卷的结果与分析

预测问卷回收后对 36 个题项的问卷进行项目分析,首先采用高低分组差异检验,即根据高校外籍教师工作压力源总分进行排序,取前 27%

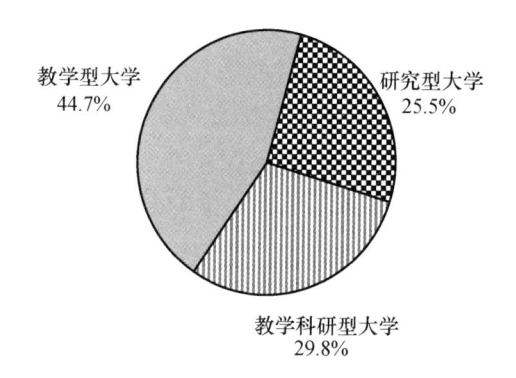

教学型大学 44.7%
研究型大学 25.5%
教学科研型大学 29.8%

图4—9　高校外籍教师所在高校类型结构分布

和后27%的被试者进行平均数差异检验，之后计算这些题目经校正的题总相关（Corrected Item-Total Correlation）和多重相关的平方（Sqaredu Multiple Correlation）。表4—2展示了36个题项的得分，对题总相关小于0.40，多重相关的平方小于0.50的A4、A7、A13、A14、A36共5个项目予以删除。将保留下来的31个题项进行随机排列组成高校外籍教师工作压力源问卷进行正式施测。（附录E、F）

表4—2　高校外籍教师工作压力源36个项目的题总相关和多重相关的平方

题项号	高低分组差异检验	题总相关	多重相关	题项号	高低分组差异检验	题总相关	多重相关
A1	0.000	0.5126	0.5868	A10	0.000	0.6102	0.6818
A2	0.000	0.4533	0.5601	A11	0.000	0.6188	0.7446
A3	0.000	0.4335	0.4913	A12	0.000	0.5959	0.6439
A4	0.000	0.3990	0.3362	A13	0.000	0.3382	0.3562
A5	0.000	0.5688	0.6454	A14	0.000	0.2670	0.6900
A6	0.000	0.5492	0.6035	A15	0.000	0.7084	0.7499
A7	0.000	0.2662	0.3949	A16	0.000	0.5885	0.6401
A8	0.000	0.4195	0.6422	A17	0.000	0.6149	0.6766
A9	0.000	0.4623	0.5768	A18	0.000	0.4057	0.6868

续表

题项号	高低分组差异检验	题总相关	多重相关	题项号	高低分组差异检验	题总相关	多重相关
A19	0.000	0.5698	0.6631	A28	0.000	0.4126	0.5868
A20	0.000	0.5494	0.6787	A29	0.000	0.5148	0.6197
A21	0.000	0.5422	0.6702	A30	0.000	0.5313	0.6051
A22	0.000	0.5199	0.6014	A31	0.000	0.4142	0.6607
A23	0.000	0.5481	0.6113	A32	0.000	0.5072	0.6037
A24	0.000	0.5845	0.6634	A33	0.000	0.6489	0.6749
A25	0.000	0.6674	0.6798	A34	0.000	0.5495	0.6346
A26	0.000	0.5465	0.6679	A35	0.000	0.5072	0.6037
A27	0.000	0.6247	0.6788	A36	0.000	0.3751	0.6767

（二）高校外籍教师工作压力源正式问卷的结果与分析

1. 本书对正式问卷的数据进行了 KMO 和 Bartlett 球形检验，检验因素分析的可行性。结果发现，高校外籍教师工作压力源预测问卷的 KMO 检验值为 0.870，根据 Kaiser 的观点，KMO 值大于 0.5 即可进行因素分析。Bartlett 球形检验卡方值为 5255.01，$p = 0.000$，达到极其显著水平。以上两种检验均表明该系数适合进行因素分析。

表4—3　　　　　　　　　　KMO 和 Bartlett 球形检验

Kaiser-Meyer-Olkin 系数		0.870
Bartlett 球型检验	Approx. Chi-Square	17463.211
	df	5255.01
	Sig.	0.000

2. 对正式问卷的 31 个项目采用主成分法进行因素分析：采用正交旋转得到因素矩阵，提取特征值大于1、项目数在3项以上的因素。结果显示，有七个因素的特征值大于1，累计贡献率达到了 72.004%。证明因素分析的结果较理想，说明自编的工作压力源问卷所要测量的内容在一定

的程度上具有代表性。根据具体项目特征,将七个因素分别命名为工资待遇、跨文化教学、跨文化人际关系、工作负荷、组织管理、职业发展和个人因素。

3. 高校外籍教师工作压力源结构探索性因子分析

本书对每个项目在七个因素上进行了载荷分析,得到的结果如下表:

表4—4　　　　高校外籍教师工作压力源结构因素分析结果

项目	因素负荷						
	因素Ⅰ	因素Ⅱ	因素Ⅲ	因素Ⅳ	因素Ⅴ	因素Ⅵ	因素Ⅶ
V1	0.81						
V2	0.73						
V3	0.71						
V4		0.83					
V5		0.80					
V6		0.67					
V7		0.73					
V8			0.80				
V9			0.76				
V10			0.72				
V11				0.69			
V12				0.74			
V13				0.81			
V14				0.75			
V15				0.78			
V16					0.76		
V17					0.84		
V18					0.75		
V19					0.81		
V20					0.73		
V21					0.76		
V22					0.70		
V23						0.63	
V24						0.67	
V25						0.72	
V26						0.68	

续表

项目	因素负荷						
	因素Ⅰ	因素Ⅱ	因素Ⅲ	因素Ⅳ	因素Ⅴ	因素Ⅵ	因素Ⅶ
V27							0.76
V28							0.58
V29							0.67
V30							0.70
V31							0.59
特征根	6.65	3.56	3.08	2.68	2.43	2.05	1.98
解释总变异量（73.67%）	13.45	11.06	11.73	10.12	9.69	9.44	8.18

注：因素Ⅰ代表工资待遇，因素Ⅱ代表跨文化教学，因素Ⅲ代表跨文化人际关系，因素Ⅳ代表工作负荷，因素Ⅴ代表组织管理，因素Ⅵ代表职业发展，因素Ⅶ代表个人因素；V1－V31代表31个项目。

结果表明，高校外籍教师工作压力源的结构包括七个因素，七个因素可以解释总变异量的73.67%，七个因素完全符合初始问卷对压力源结构的假设。为了进一步验证高校外籍教师工作压力源七因素模型，本书对该模型进行了验证性因素分析。

4. 高校外籍教师工作压力源结构的验证性分析

为了验证高校外籍教师工作压力源七因素模型与数据的拟合度，以及项目与因素之间的关系，本书采用Amos21.0对高校外籍教师工作压力源问卷的结构进行验证性考察，即对探索性因素分析得到的高校外籍教师工作压力七因素模型进行验证，验证性因素分析过程采用极大似然估计，并选取RMSEA、CFI、NNFI、GFI作为判断模型拟合度好坏的指标，验证性因素分析拟和指数如表4—5。

表4—5　高校外籍教师工作压力源七因素结构验证性因素分析结果

模型	χ^2	df	χ^2/df	NNFI	CFI	GFI	RMSEA
七因素模型	3155.23	1134	2.78	0.81	0.92	0.95	0.06

在衡量模型的指标中，GFI、CFI和NNFI的变化区间为0—1，越接

近于1拟合性越好；RMSEA 的变化区间也为 0—1，越接近于 0 误差越低，要求在 0.08 以下。另外主观指标 χ2/df（卡方/自由度）小于3，表示整体拟合度较好。从表 4—5 的指标来看，高校外籍教师工作压力源七因素模型对数据的拟合比较好。同时，因子结构模型及标准化路径系数也验证了高校外籍教师工作压力源七因素模型的拟合度，具体参数如下图所示：

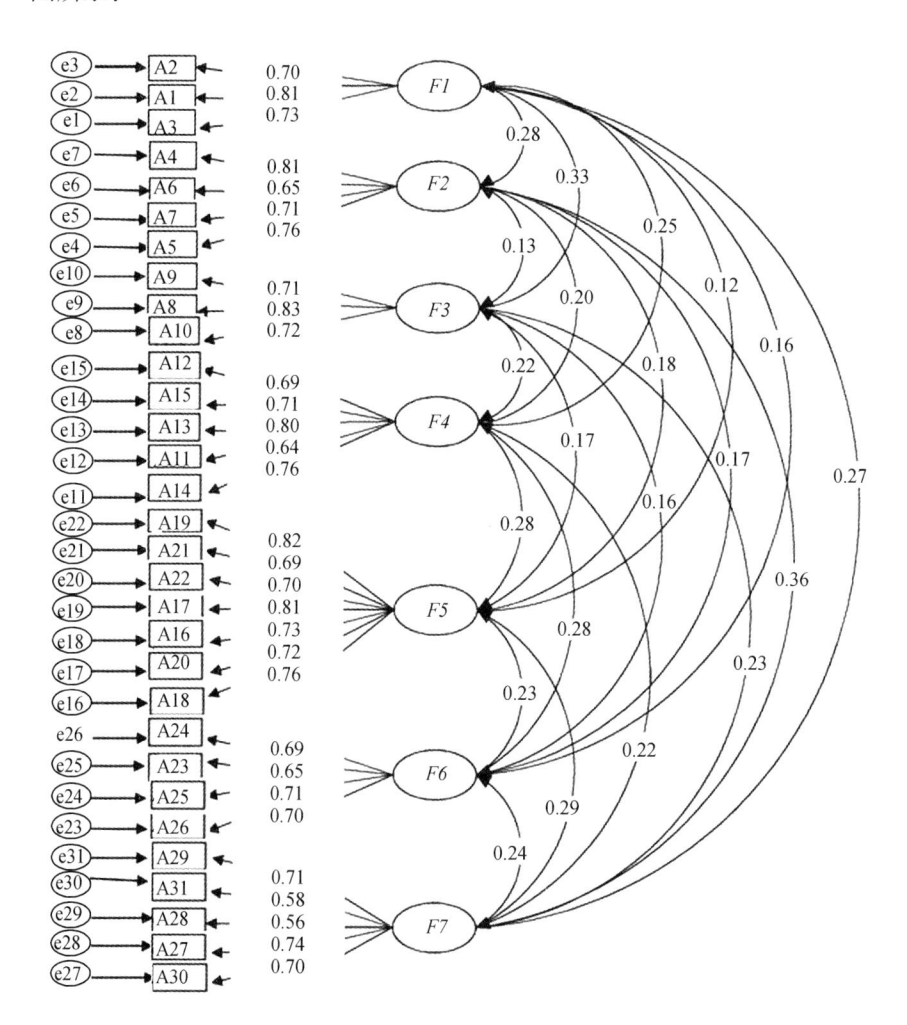

图 4—10　高校外籍教师工作压力源七因素验证性因素分析模型及标准化路径系数

注：F1 代表工资福利，F2 代表跨文化教学，F3 代表跨文化人际关系，F4 代表工作负荷，F5 代表组织管理，F6 代表职业发展，F7 代表个人因素，A1-A31 代表 31 个题项。

为了保证问卷能够用于今后的高校外籍教师压力研究，本书进一步测试了问卷的信度和效度。

5. 高校外籍教师工作压力源问卷的信度、效度检验

①问卷的信度检验

本书用SPSS15.0内部一致性系数来考察问卷的信度。从表中可以看出，高校外籍教师工作压力源各个维度的内部一致性系数均高于推荐值0.70，而总问卷的内部一致性系数为0.82，这表明本书所编制问卷的信度符合测量学的要求。

表4—6　　　　　高校外籍教师工作压力源问卷信度

因素	因素1	因素2	因素3	因素4	因素5	因素6	因素7	总问卷
α	0.83	0.81	0.79	0.85	0.87	0.75	0.78	0.82

②问卷的效度检验

本书采用结构效度、内容效度检验问卷。

结构效度：问卷探索性因素分析、验证性因素分析结果是问卷结构效度的主要证明。根据前文的检验结果，高校外籍教师工作压力源问卷因素结构清晰，各项指标都符合心理测量学的标准。

内容效度：本书问卷项目的确定不是随意想象的，是在文献分析、深度访谈和开放式问卷调查的基础上分析得来，并建立在有丰富教学经验的高校外籍教师阅读、分析、多次修改的基础上产生的。经过初测和预测，对问卷的项目进行了多次科学性筛选，所以，本问卷的内容效度较高。

③高校外籍教师工作压力源的维度和条目

表4—7　　　　高校外籍教师工作压力源问卷的维度和条目汇总

序号	维度	条目
1	工资待遇	工资比较低
		缺乏一些必要的社会保险
		奖金少、节日福利待遇少

续表

序号	维度	条目
2	跨文化教学	担心学生不适应我的教学方式
		找不到合适的教材和教学资料
		对教学成绩的要求过高
		担心学生的考试成绩
3	跨文化人际关系	由于语言和文化不同,我和学生不能进行有效沟通
		由于语言和文化不同,与管理人员的沟通不畅
		由于语言和文化不同,我和同事不能进行有效沟通,缺少归属感
4	工作负荷	组织和参与的课外活动较多
		我备课花较多时间
		每周课时数较多
		所负责的学生人数多
		科研任务重
5	组织管理	缺少与中国同事和学生的交流机会
		参与学校决策机会少
		我得不到及时的教学反馈
		由于缺乏入职前的培训,对学校的一些管理制度不了解
		考核评价制度不合理
		聘请制度不完善
		管理人员不能提供及时、细致、有效的服务
6	职业发展	缺少教育教学的培训和指导
		我没有机会参与学术活动和学术研究
		没有职务晋升的途径
		没有职称晋升的机会
7	个人因素	自己的成就期望高
		专业知识和技能不足
		缺乏教学经验
		心理承受能力差
		遇到困难爱退缩

(三) 高校外籍教师工作压力感分析

1. 高校外籍教师工作压力感总体情况

对高校外籍教师工作压力源问卷的七个维度进行了统计，七种工作压力源的分值结果如表4—8，每个项目最小分值为1，最大为5，所有项目的平均值为3，超出平均值则认为工作压力偏大，低于平均值则认为工作压力偏小。根据这个规则，各个工作压力源带来的综合工作压力值为2.65，低于平均值3，所以可以判断高校外籍教师工作压力总体不大，与访谈调查的统计结果基本符合，由此可见，中国高校外籍教师工作压力程度处于中等偏下水平。

另外，从以上统计数据来看，七种工作压力源按降序排列分别为：工资待遇、工作负荷、跨文化人际关系、跨文化教学、组织管理、职业发展、个人因素。其中，工资待遇、工作负荷、跨文化人际关系是外籍教师最大的压力来源。

表4—8　　　　　　　　高校外籍教师工作压力感统计

维度	项目数	平均数	标准差
工资待遇	3	3.14	0.47
跨文化教学	4	2.11	0.68
跨文化人际关系	4	2.13	0.71
组织管理	7	1.98	0.56
职业发展	4	1.84	0.64
工作负荷	4	2.65	0.44
个人因素	5	1.56	0.75
总压力	31	2.65	0.68

2. 高校外籍教师工作压力感在人口统计学变量上的差异分析

(1) 不同性别的高校外籍教师在各工作压力源维度上的差异

对男教师（n=75）和女教师（n=66）在七个工作压力源维度上的得分进行差异显著性检验，结果发现，男教师与女教师在七个维度上的差异均不显著，统计结果见表4—9。这与王博在《首都高校教师压力源与压力强度研究》中的研究结果有所区别，他的研究表明，总体上女教师的压力水平略低于男教师，二者在学历、科研、教学和子女教育上的压力强度水平相差不大，而在经济状况、职称、住房条件、内外部竞争以及人际关系方面，男教师的压力要明显高于女教师。男性教师尤其在职称、住房条件以及经济状况三个方面的压力水平已经超过了警戒值，男性本身的成就驱动欲使得内外部竞争压力值最大。[①] 当然，男性由于在家庭中的责任，尤其是在经济上的责任而产生的压力源除非超出承受能力，不然更多时候会体现为一种动力。而高校外籍教师所面临的工作环境和社会环境与本土教师有很大的不同，他们基本没有职称评审压力、住房压力，虽然有经济压力，但不是非常大，所以他们的工作压力强度在性别上的差异不大。

表4—9　　　　不同性别的外籍教师在压力源维度上的差异统计

性别	男性（n=75）		女性（n=66）		t
	平均数	标准差	平均数	标准差	
工资待遇	3.12	0.72	3.15	0.85	0.22
跨文化教学	2.15	0.45	2.1	0.52	0.37
跨文化人际关系	2.25	0.65	2.13	0.63	0.74
工作负荷	2.7	0.88	2.57	0.69	0.69
职业发展	2.01	0.75	1.87	0.79	0.82
个人因素	1.64	0.44	1.58	0.41	0.15
组织管理	2.13	0.78	1.93	0.88	0.89

（2）不同年龄的高校外籍教师在各工作压力源维度上的差异

如表4—10所示，三个年龄段压力平均值由高到低依次排序为青年教师，中青年教师，老年教师。在跨文化教学、跨文化人际关系、职业发展三个维度上，青年教师和中青年教师的压力明显高于老年教师，在其他四个维度上，三个年龄段的外籍教师工作压力强度差别不大。原因可

[①] 王博：《首都高校教师压力源与压力强度研究》，硕士学位论文，首都经济贸易大学，2007年，第34—35页。

能是：青年教师和中青年教师教学经验不够丰富，处理教学问题不能得心应手，具有一定压力；青年教师和中青年教师生活阅历尚浅，没有老年教师见多识广，对异域文化的适应能力不如老年教师强；另外，老年教师在职业发展方面基本没有诉求，而中青年教师对职业能力的提升、职称的评审、职务的晋升等均有诉求，但中国的高校管理体制中没有能满足他们诉求的途径，这也为中青年外籍教师带来了不小的压力。

尽管这个结果与中国学者对本土教师工作压力的研究相一致，但造成这个结果的原因却有很大差异，王博的研究认为，中青年教师及青年教师在职称、学历、教学、住房条件、经济状况等诸多方面与老年教师相比都逊色不少，所以，他们的压力强度比老年教师大，特别是在科研、职称、经济状况三方面的压力最大。原因十分明显，30 岁以下的青年教师偏重于经济压力，他们在住房等方面尚未建立稳定的经济基础，而且对自己的职业发展有很高的自我期望。而 30—40 岁的中青年教师，虽然建立了一定的经济基础，但对工作提出了更大的奋斗目标，这时他们的压力多数来自工作。与 40 岁以下的教师相比，老年教师生活、工作相对稳定，这些方面的压力较小，但是他们往往是参与学校管理的主要领导或者是学术研究的骨干，面临更多的是管理压力和科研压力。

表 4—10　　　　不同年龄段的高校外籍教师在各工作压力源维度上的差异统计

年龄段	20—30		30—50		50 岁以上		F
	平均数	标准差	平均数	标准差	平均数	标准差	
工资待遇	3.13	0.56	3	0.64	3.05	0.48	0.51
跨文化教学	3.11	0.66	2.96	0.74	1.84	0.44	17.62*
跨文化人际关系	3.14	0.63	3.04	0.82	1.98	0.55	15.13*
工作负荷	2.78	0.56	2.45	0.52	2.23	0.53	0.96
职业发展	2.87	0.54	3.22	0.62	1.71	0.41	11.09*
个人因素	1.42	0.44	1.5	0.57	1.53	0.53	2.81
组织管理	2.04	0.55	1.78	0.67	2.14	0.78	1.74

注：* 表示 $P<0.05$。

(3) 不同学历层次的高校外籍教师在各工作压力源维度上的差异

对具有本科（n = 99）、硕士研究生（n = 15）、博士研究生（n = 15）、其他（n = 12）等不同学历的教师分别从七个工作压力源维度上的得分进行差异显著性检验，结果发现，不同学历的教师在七个维度上的差异均不显著。具体参数见表4—11。

表4—11　　不同学历层次的高校外籍教师在各工作压力源维度上的差异统计

学历	本科		硕士		博士		其他		F
	平均数	标准差	平均数	标准差	平均数	标准差	平均数	标准差	
工资待遇	3.10	0.70	3.11	0.74	2.96	0.75	3.07	0.64	1.14
跨文化教学	2.13	0.46	2.12	0.52	2.08	0.56	2.14	0.67	0.57
跨文化人际关系	2.25	0.65	2.13	0.63	2.10	0.59	2.06	0.72	1.21
工作负荷	2.72	0.78	2.47	0.69	2.59	0.69	2.53	0.75	0.61
职业发展	2.03	0.55	1.88	0.79	1.90	0.56	2.00	0.45	0.74
个人因素	1.66	0.44	1.57	0.41	1.71	0.63	1.84	0.46	1.51
组织管理	2.13	0.78	1.93	0.88	1.75	0.69	1.83	0.58	0.89

(4) 来华任教时长不同的高校外籍教师在各工作压力源维度上的差异

对来华任教1年以内的外籍教师（n = 34）、来华任教2—5年的外籍教师（n = 83）和来华任教5年以上的外籍教师（n = 24）在七个工作压力源维度上的得分进行差异显著性检验，统计结果见表4—12。本书发现来华任教时间短的教师和来华任教时间长的教师在跨文化教学、跨文化人际关系、组织管理三个维度上的差异比较显著，而在工资待遇、职业发展、个人因素、工作负荷这四个维度上的差别不大。原因可能在于，来华任教时间短的外籍教师在跨文化适应方面感受到了很大压力，存在很多困惑，他们对中国学生的学习方式、实际情况了解还很不够，因此担心自己的教学方式、方法是否适合中国学生，对怎样跟中国高校的领导、同事相处也没有经验，对学校的管理制度也很不适应。而这些问题随着来华时间的增长，他们慢慢变得适应起来，压力也逐渐变小。

表4—12　来华任教时长不同的高校外籍教师在各工作压力源维度上的差异统计

来华时间	1年内		2—5年		5年以上		F
	平均数	标准差	平均数	标准差	平均数	标准差	
工资待遇	3.12	0.66	3.03	0.68	3.15	0.58	1.72
跨文化教学	3.08	0.65	2.76	0.54	1.94	0.44	10.75*
跨文化人际关系	3.14	0.63	2.84	0.85	1.98	0.55	11.31*
工作负荷	2.68	0.56	2.25	0.52	2.23	0.53	1.13
职业发展	1.87	0.54	2.22	0.62	1.71	0.41	0.92
个人因素	1.43	0.44	1.55	0.57	1.53	0.53	1.54
组织管理	2.84	0.55	1.88	0.87	1.64	0.58	4.71*

注：* 表示 $P<0.05$。

（5）不同类型高校的外籍教师在各工作压力源维度上的差异

如表4—13所示，对工作单位为研究型大学、教学研究型大学、教学型大学的外籍教师在七个工作压力源维度上的得分进行比较，结果发现，不同类型高校的外籍教师在工作负荷、组织管理、工资待遇三个方面的压力程度不同，具体表现为研究型和教学研究型大学的外籍教师在工作负荷、组织管理上的压力要高于教学型大学的外籍教师，而在工资待遇维度上，教学型高校的外籍教师压力要高于研究型高校的外籍教师。在其他四个维度上，差异却不显著。究其原因，首先，可能是研究型高校、教学研究型高校在中国属于重点大学，也就是通常说的"985""211"高校，这些高校聘请的科研岗位和专业教学岗位的外教占的比例更大一些，而这些外籍教师的工作负荷相对于语言教学型外教就大一些，带来的压力随之变大。其次，研究型大学的学生和管理者对外籍教师的期望值比较高，也会增加外教的压力。再次，研究型大学管理制度相对严格，对外籍教师施加的压力相对较高。按照高付出高回报的原则,研究型高校的外籍教师的工资待遇相对较高,尤其是那些从事科研岗和专业课教学的外教,他们的工资都普遍高于语言教学类的外教。教学型院校通常被人们称为省属高校或市属高校,大多数为二类本科院校,聘请的外籍教师多为语言教学类,工资待遇偏低给他们带来了一定的压力。

表4—13　不同类型高校的外籍教师在各工作压力源维度上的差异统计

高校类型	研究型高校		教学研究型高校		教学型高校		F
	平均数	标准差	平均数	标准差	平均数	标准差	
工资待遇	3.01	0.56	3.12	0.65	3.43	0.4	1.67*
跨文化教学	2.14	0.64	2.15	0.52	2.08	0.56	0.58
跨文化人际关系	2.26	0.64	2.11	0.65	2.13	0.59	0.96
工作负荷	3.25	0.78	2.48	0.69	2.09	0.69	1.54*
职业发展	2.13	0.57	1.87	0.79	1.99	0.57	0.81
个人因素	1.76	0.44	1.67	0.48	1.51	0.66	0.59
组织管理	2.53	0.78	2.23	0.48	1.45	0.89	1.58*

注:* 表示 $P<0.05$。

(6) 不同国籍背景的高校外籍教师在各工作压力源维度上的差异

所有调查对象的国籍主要集中在欧美籍、亚洲籍和华裔外籍三类,对三类不同文化背景的外籍教师在七个工作压力源维度上的得分进行比较,统计结果见表4—14,三类外籍教师的工作压力强度主要在跨文化教学、跨文化人际关系两个维度上差异显著,具体表现为欧美籍教师的跨文化教学与人际关系的压力要高于亚洲籍和华裔外籍教师,而华裔外籍教师在这两个维度的工作压力最小。三类文化背景的外籍教师在其他五个维度上的差异不显著。正如前文的总体压感调查结果一样,华裔外籍教师和亚洲籍外籍教师在文化背景上与中国极为相近,他们对中国的管理制度、教学模式、人际关系等极为熟悉,很快就会适应,而欧美籍外籍教师生活的背景与中国的文化差异巨大,这种跨文化适应给他们带来一定的麻烦,从而导致压力的形成。

表4—14 不同国籍背景的高校外籍教师在各工作压力源维度上的差异统计

国籍背景	欧美籍		亚洲籍		华裔外籍		F
	平均数	标准差	平均数	标准差	平均数	标准差	
工资待遇	3.15	0.71	3.10	0.61	2.99	0.35	0.41
跨文化教学	3.13	0.46	2.52	0.52	1.88	0.36	2.57*
跨文化人际关系	3.25	0.45	2.13	0.65	1.70	0.59	2.03*
工作负荷	2.73	0.72	2.48	0.62	2.57	0.68	0.71
职业发展	2.13	0.55	1.78	0.47	1.80	0.51	1.52
个人因素	1.56	0.41	1.59	0.41	1.78	0.60	0.41
组织管理	2.11	0.71	1.90	0.78	1.76	0.69	1.60

注：* 表示 $P<0.05$。

(7) 不同工作岗位的高校外籍教师在各工作压力源维度上的差异

根据表4—15中的数据可以看出：科研类、语言教学类、专业课教学类外籍教师在工资待遇维度、组织管理维度、工作负荷维度上的差别较为明显，而在其他五个压力源维度上的差异不显著，这与之前的总体压力感受调查结果是一致的。在访谈中得知，科研类和专业教学类外籍教师的工资待遇要比语言类教师的高一倍甚至多倍，他们在工资待遇方面基本没有多少压力，而语言教学类外籍教师的工资待遇较低，给他们带来了不小的压力。但是，科研类外籍教师科研负荷较大，考核严格，这些原因使得他们在组织管理维度和工作负荷维度的压力大于语言教学类外教的压力。

表4—15 不同工作岗位的高校外籍教师在各工作压力源维度上的差异统计

工作类型	科研类		语言教学类		专业教学类		F
	平均数	标准差	平均数	标准差	平均数	标准差	
工资待遇	2.36	0.40	2.81	0.64	3.76	0.55	8.16*
跨文化教学	2.15	0.46	2.14	0.52	1.98	0.56	0.17
跨文化人际关系	2.15	0.55	2.23	0.65	2.18	0.69	0.32

续表

工作类型	科研类		语言教学类		专业教学类		F
	平均数	标准差	平均数	标准差	平均数	标准差	
工作负荷	3.72	0.68	2.41	0.6	2.19	0.79	4.17*
职业发展	2.13	0.55	1.68	0.71	1.70	0.52	1.14
个人因素	1.46	0.34	1.67	0.45	1.81	0.64	0.72
组织管理	3.13	0.78	1.73	0.88	1.55	0.79	9.03*

注：* 表示 $P<0.05$。

三 高校外籍教师工作压力反应问卷的结果与分析

通过对高校外籍教师的访谈和开放式问卷的结果分析，初步提出高校外籍教师工作压力反应的相关问题16个，经过小样本作答、专家讨论等环节，编制了预测问卷，并利用SPSS15.0和AMOS21.0统计软件对数据进行了统计、探索性因素分析和验证性因素分析。

（一）高校外籍教师工作压力反应预测问卷的结果与分析

预测问卷回收后对16道题目的问卷进行项目分析，首先，采用高低分组差异检验，即根据高校外籍教师工作压力反应总分进行排序，取前27%和后27%的被试进行平均数差异检验。然后，计算这些题目中经校正的题总相关和多重相关的平方。表4—16展示了16道题目的得分。对题总相关小于0.40，多重相关的平方小于0.50的B2、B5、B12、B14、B16共5个项目予以删除。将保留下来的11个项目进行随机排列组成高校外籍教师工作压力源问卷进行正式施测。（附录F）

表4—16　　　高校外籍教师工作压力反应16个项目的题总相关和多重相关的平方

题项号	高低分组差异检验	题总相关	多重相关	题项号	高低分组差异检验	题总相关	多重相关
B1	0.000	0.5708	0.6382	B3	0.000	0.4636	0.5183
B2	0.873	-0.0853	0.4601	B4	0.000	0.5032	0.5932

续表

题项号	高低分组差异检验	题总相关	多重相关	题项号	高低分组差异检验	题总相关	多重相关
B5	0.000	0.2668	0.3455	B11	0.000	0.5959	0.6439
B6	0.000	0.5492	0.6035	B12	0.000	0.2424	0.4250
B7	0.000	0.5072	0.6037	B13	0.000	0.5481	0.6113
B8	0.000	0.4195	0.6422	B14	0.008	0.2725	0.4820
B9	0.000	0.4623	0.5768	B15	0.000	0.6674	0.6798
B10	0.000	0.6102	0.6818	B16	0.000	0.2744	0.4423

（二）高校外籍教师工作压力源正式问卷的结果与分析

1. 对正式问卷的数据进行 KMO 和 Bartlett 球形检验，检验因素分析的可行性。结果发现，高校外籍教师工作压力源预测问卷的 KMO 检验值为 0.864，根据 Kaiser 的观点，KMO 值大于 0.5 即可进行因素分析。Bartlett 球形检验卡方值为 5342.13，$p = 0.000$，达到极其显著水平。以上两种检验均表明该系数适合进行因素分析。

表4—17　　　　　　　　**KMO 和 Bartlett 检验**

	Kaise-Meyer-Olkin 系数	0.864
Bartlett 球形检验	Approx. Chi-Square	17342.413
	df	5342.13
	Sig.	0.000

2. 对正式问卷的 11 个项目采用主成分法进行因素分析：采用正交旋转得到因素矩阵，提取特征值大于 1，项目数在 3 项以上的因素。结果显示，有三个因素的特征值大于 1，累计贡献率达到了 74.054%。证明因素分析的结果较理想，说明自编的工作压力反应问卷所要测量的内容在一定的程度上具有代表性。根据具体项目特征，将三个因素分别命名为心理反应、生理反应和行为反应。

3. 高校外籍教师工作压力反应结构探索性因子分析

三因素模型确立以后,本书对每个项目在三个因素上进行载荷分析,得到的结果见表4—18。结果表明,高校外籍教师工作压力反应的结构包括三个因子,三个因子共同解释了约70.687%的方差变异,其中,心理反应因子解释了约26.451%的方差变异,行为反应因子解释了约22.730%的方差变异,生理反应因子解释了约21.506%的方差变异。三个因子测量变量的Cronbach α系数分别是0.820—0.856,说明各因子内部一致性程度较好。

表4—18　高校外籍教师工作压力反应结构探索性因素分析

测量变量	生理反应	心理反应	行为反应
T1	0.678		
T2	0.739		
T3	0.874		
T4		0.657	
T5		0.682	
T6		0.815	
T7		0.736	
T8		0.718	
测量变量	生理反应	心理反应	行为反应
T9			0.768
T10			0.725
T11			0.688
特征根	2.956	2.658	2.308
解释总变异量	21.506	26.451	22.730
Cronbach α	0.854	0.835	0.823

注：T1-T11代表了正式问卷中的11个题项。

经过探索性因子分析,高校外籍教师压力反应结构的3个因子、11个题项分析项目如表4—19：

表4—19　　高校外籍教师工作压力反应问卷维度和条目汇总

序号	工作压力反应因子	各因子包含的题项
1	生理反应	头疼、气闷、耳鸣等身体不适症状
		食欲下降、睡眠状况不佳
		经常感到疲劳
2	心理反应	记忆力下降
		注意力不够集中
		焦虑、紧张
		思维缓慢、混乱，反应迟钝
		情绪低落
3	行为反应	工作效率下降
		有过激行为
		爱发脾气

4. 高校外籍教师工作压力反应结构验证性因子分析

高校外籍教师工作压力反应验证性因子分析结果表明，测量模型的自由度为41，卡方值为100.79，卡方与自由度的比值为2.458，符合小于3的优良标准。RMSEA值为0.080，符合Steiger（1990）建议的小于0.10的标准；RMR值为0.050，接近于0.05的优良标准。模型的拟合参数GFI，AGFI，NFI，CFI分别为0.93，0.88，0.96，0.98，均接近国内外各项相关研究所建议的0.80或0.90的标准，由此表明压力反应验证性因子分析模型与数据的拟合结果可以接受，拟合数据验证指数见表4—20，高校外籍教师工作压力反应验证模型及系数见图4—11。

表4—20　　高校外籍教师压力反应结构模型验证性因子分析

	χ^2	df	χ^2/df	GFI	AGFI	NFI	CFI	RMSEA	RMR
三维度模型	100.79	41	2.458	0.93	0.88	0.96	0.98	0.080	0.050

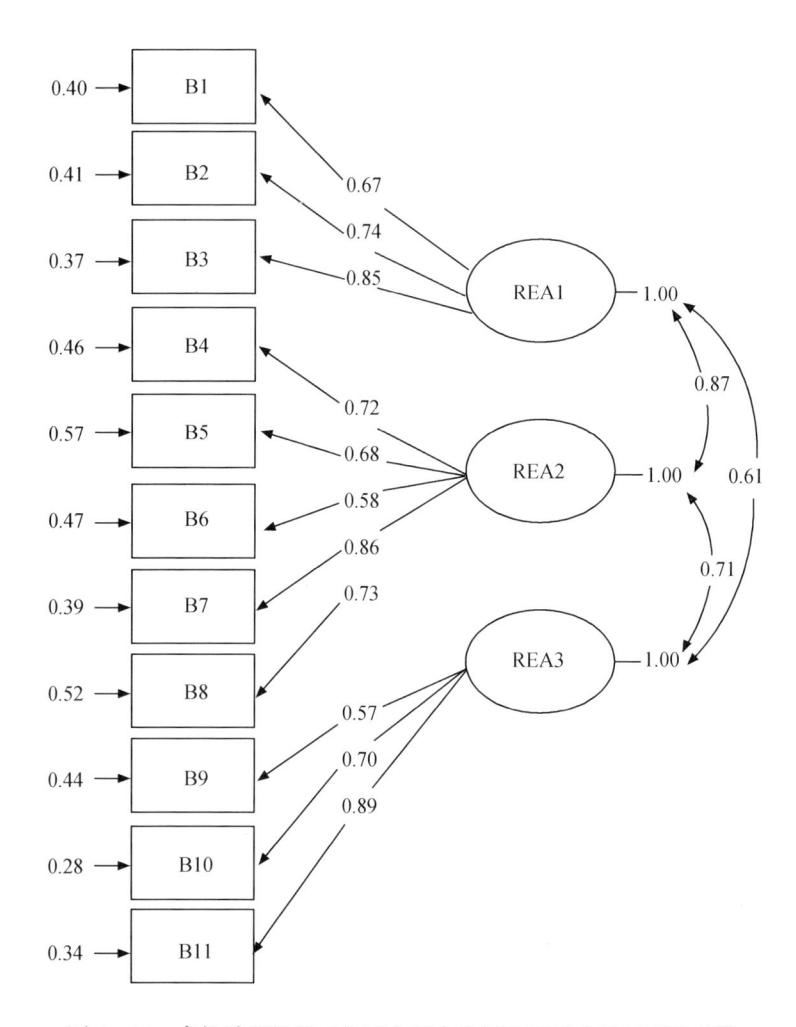

图 4—11 高校外籍教师工作压力反应验证性因子分析模型及系数

注：REA1 代表生理反应，REA2 代表心理反应，REA3 代表行为反应。B1—B11 代表 11 个题项。

（三）高校外籍教师工作压力反应问卷的结果分析

1. 高校外籍教师工作压力反应总体状况

高校外籍教师工作压力反应的定量研究能从一定程度上反映出高校外籍教师工作压力程度。本书在调查问卷的第三部分设计了工作压力反应量表，采用里克特加和计分法。共 11 个项目，每个项目的分值是 1—

5，因此，高校外籍教师工作压力反应问卷的理论分数范围是 11—55，分数越高表明消极压力反应越重，本书采用理论中值 36 分来划分压力反应的轻重，得分高于 36 分为高压力反应，反之为低压力反应。表 4—21 显示，总的工作压力反应强度均值为 29.34，低于理论中值 36；各维度平均分数也低于理论中值，得分最高的是心理反应，其次是生理反应，行为反应最轻，表明教师总体压力反应程度较轻。其原因可能有，一是高校外籍教师总体工作压力感受不大，而且很多工作压力不是持续的，所以引起的工作压力反应强度不大；二是与教师个体的心理健康状况和应对压力的手段有关，有些外籍教师虽然工作压力感强烈，客观压力很大，但如果他们应对压力的能力较强，那么他们的压力反应也会较轻或者没有；三是大学教师承受的往往是慢性压力，虽然它对外籍教师的身心破坏力很强，但慢性压力不容易测量。

综观工作压力反应 11 个项目的平均得分情况，平均分值最高的是行为反应中的"工作效率低"一项，之所以出现这样的情况，可能的原因在于，根据工作压力与工作绩效之间的关系，工作压力增大工作效率就会降低，工作压力较小工作效率也会比较低，只有工作压力适度，工作效率才最优。从工作压力感受强度的群体分布来看，工作压力适中的群体数量远远小于工作压力过大和工作压力较小的群体数量之和。所以，这样的结果也验证了工作压力与工作绩效之间存在着内在的联系。

表 4—21　　　　高校外籍教师工作压力反应总体情况统计

维度	题目数	均值	标准差	理论中值	理论分数范围
总体压力反应	11	29.34	7.81	36	11 – 55
心理反应	5	10.56	1.85	12	4 – 20
生理反应	3	9.78	1.23	12	4 – 20
行为反应	3	8.66	4.52	12	4 – 20

2. 高校外籍教师工作压力反应的群体差异分析

考察外籍教师工作压力反应的群体差异，主要目的在于验证工作压力感受较大的人群与工作压力感受不大的人群之间是否存在工作压力反应强度上的不同。在问卷第一部分,本书将工作压力强度分为五类,分别是无工作压力、工作压力较小、工作压力适中、工作压力较大、工作压力非常大,141 名外籍教师中有 18.1% 的外教感觉压力较大,8.4% 的外教感觉压力非常大,15.8% 的外教感觉没有压力,15.6% 的外教感觉压力适中,42.1% 的外教觉得压力比较小。本书将没有压力感的外籍教师剔除,对有压力感的四个群体进行工作压力反应强度统计,得出表 4—22 的统计结果,从统计结果来看,工作压力感受强度与工作压力反应强度之间基本呈现出正相关关系,工作压力感受非常大的群体,工作压力反应强度的平均分值最高;其次是工作压力感受比较大的群体,他们的工作压力反应强度的平均分值较高;而工作压力感受适中和工作压力感受较小的人群,在工作压力反应强度上的区别不大。这样的结论与主流认识基本一致,工作压力感受强度大的人群,他们受到工作压力的负面影响也相对较大。

表 4—22　　高校外籍教师工作压力反应的群体差异统计

群体类别	压力非常大		压力较大		压力适中		压力较小	
	平均数	标准差	平均数	标准差	平均数	标准差	平均数	标准差
心理反应	3.15	0.71	3.10	0.61	2.99	0.35	2.68	0.45
生理反应	3.13	0.46	3.02	0.52	2.88	0.36	2.56	0.48
行为反应	3.25	0.45	2.83	0.65	2.70	0.59	2.33	0.77
综合强度	3.16	0.72	2.98	0.62	2.87	0.68	2.45	0.83

四　问卷调查的结论

前文利用 EXCEL、SPSS 等工具对问卷调查结果进行了量化分析,透过这些分析材料,对高校外籍教师工作压力现状有如下几点认识:

第一,高校外籍教师工作压力总体水平不高,但群体差异显著。从高校外籍教师工作压力总体感受的统计情况看,工作压力感受选择"较小"和"没有"的外籍教师占 50% 以上,说明高校外籍教师这个群体的总体工作压力水平不高。但对各个群体的工作压力感受进行统计学分析,群体之间的差别较大。比如,年轻外教的工作压力感明显高于年龄大的外教；来华任教时间长的外教的工作压力感小于来华任教时间短的外教的工作压力感等。

第二，高校外籍教师工作压力强度中等偏下，但各种工作压力源引起的工作压力强度不同。从调查结果的统计来看，中国高校外籍教师总体上的工作压力强度处于中等偏下的水平。但这些数据只是对整个外籍教师群体工作压力水平的大概评估，并不能完全反映出个别群体以及个体的真实工作压力水平。通过进一步分类统计，发现不同群体的工作压力水平是不同的，如科研合作型与教学型、来华任教时间短与来华任教时间长的外籍教师，他们的工作压力水平差异很大。因此，从整体上对高校外籍教师工作压力进行研究是不能反映其工作压力现状的，还需要从群体和个体两个维度对其工作压力进行全面研究。

第三，高校外籍教师工作压力反应与工作压力强度有相关关系，但不是完全的正相关关系。从统计结果来看，工作压力感受强度与工作压力反应强度之间基本呈现出非典型的正相关关系，工作压力感受非常大的群体，往往工作压力反应强度高，工作压力强度比较大的群体，他们的工作压力反应强度的平均值较高。但工作压力感受适中和工作压力感受较小的人群，在工作压力反应强度上的区别并不大。

第三节　对高校外籍教师工作压力个案研究结果的分析

本书对选取的三名外籍教师进行了为期半年的持续观察，其间经常围绕工作压力问题进行交流，更多的时候是作为旁观者对他们的言行举止、工作态度等进行观察和记录。这些记录能够从工作和生活细节上反映他们的工作压力情况，是十分难得的第一手资料，能够弥补问卷调查法和访谈法无法对个体工作压力状况进行测量的不足。

一　对高校外籍教师工作和生活环境的描述

卡西是一位来自西班牙的中年男性老师，拥有硕士研究生学历，职称是副教授。今年是他来中国任教的第2年，S高校是他工作的第二个单位。他在外语系教授西班牙语,每周的授课时数是 16 课时,除了上课之外,他还会组织学生开展一些课外活动。学习西班牙语的学生不是很多,4 个年级一共 42 个学生,卡西只负责大一和大二学生的教学,共负责 20 人的学习,需要为 2 个年级备课。外语学院共有 16 个外籍教师,卡西老师与其他外籍教师在一间大的办公室办公,每个老师都有一个类似于公司职员式的被间隔开的单独办公空间。学校为卡西等外籍教师配备了电脑、传真、复印机等必备的办公设备,并安装了空调,相较于本土教师,办公条件要好一些。由于卡西一个人来中国工作,没有带家属前来,因此他住在学校为外籍教师提供的公寓里,整个楼里住的都是外国人,一共是六层楼,1—5 层住的是留学生,第六层是外籍教师的公寓,这些公寓均提供给单身外籍教师,那些带着家人来华任教的老师为了方便,多在外面租房住,学校给予一定的租房补贴。卡西老师住的房间大约有 60 平方米,一个卧室,一个客厅和一个卫生间,卧室里有衣柜、书架、写字台以及椅子,客厅里配备了茶几、沙发和电视,房间里配有网络。卡西老师的课程安排得很满,他的课表是这样安排的:周一至周四的上午有四节课,每节课 50 分钟,周五上午他会组织学生进行口语训练,主要是学习一些西班牙的历史故事,一般来说,周五下午卡西老师都在公寓度过。他有午休的习惯,一般中午 12 点在专供外籍教师和留学生吃饭的餐厅吃完午饭之后就进入休息时间,下午 2—4 点,有时候他会跟一些前来向他请教的学生聊天,有时会有其他朋友前来拜访,没有这些活动的时候,他会上网休闲或者去周围的商场买点日用品。下午 4—5 点钟,是卡西老师的锻炼时间,他最喜欢的运动是跑步,这项运动他已经坚持多年,其实他也喜欢踢足球,只是一般没人组织外教踢球。晚饭之后,卡西老师首先做好个人卫生,然后进行备课,备课一般需要花费 2 个小时左右。周末的时候,卡西老师会和家里人通电话,有时会找一同来中国任教的其他外教出去旅游。卡西认为他的生活总体上是很充实的,也很有规律。

米列西奇是一名来自俄罗斯的男性教师,学士学位,讲师职称。他所在的 H 学校外籍教师的数量相对较少,因此,学校没有专门的外教公寓和食堂等配套设施,他与校内的本土单身青年教师住在同一幢楼里,虽然也是一个人独住，但他的房间比卡西老师的小了一半，只有 30 平方米左右，配套设施也相对简单。米列西奇主要为机械自动化专业的学生讲授模电这门课程，共有两个平行班级，82 名学生，每周课时量为 12 课时。米列西奇是一个足球爱好者，每周要跟学生们一起踢两场球赛。他是个不善于交往的人，除了认识几个同来中国任教的伙伴之外，接触最多的就是学生，他上街的时候也不是很多，没事喜欢待在寝室或者办公室里看书、上网。他的办公室与中国教师在一起，一间大办公室容纳 8 个人，都是比较年轻的讲师或者助教，H 大学副教授职称以上的教师都有自己的研究室。

史密斯是一名英国籍外教，拥有博士学位，教授职称。据 D 大学外事部门的老师介绍，史密斯教授是他们学校高薪聘请来的专家，在新材料加工领域很有建树。D 大学是一所重点大学，相对来说，国际化水平较高，基础设施建设比较齐全，有专门的外教公寓，史密斯就住在那里。外教公寓的房间根据外籍教师职称、能力的不同有不同的安排，作为外聘专家，史密斯的公寓虽然从外面看很有历史感，但里面空间很大，设施齐全，装修精致。史密斯是以科研为主要工作任务的老师，每个学期给研究生开设四次专题讲座。他一天中的大部分时间都是在实验室度过的。他的体育爱好是每天坚持跑步 1 个小时，一般安排在下午 4 点左右。相对来说，他与学生接触的时间不多，与中国同事在工作中的接触很多，他是个有国际交往经验的外教，跟很多国家的高校有过合作，因此他很热情开朗，容易交往。

二 对高校外籍教师工作压力及其来源的分析

根据工作压力理论，无论个体从事什么职业，可以说工作压力无处不在，无时不在，但是每个人的工作压力感受是不同的，这与他们所处的工作环境、个人能力、工作岗位等均有关系。而且，工作压力往往是由综合要素引起的，而每一个体感受到的工作压力，其来源也不同。围绕"你感到在中国大学任教工作压力大吗？"这个问题与三名外籍教师分别进行交谈，卡西老师认为自己感到工作上经常有压力，但总体上感觉压力不是很大；米列西奇认为工作压力总是有的，但都能够慢慢化解，总体认为工作压力适中。史密斯觉得自己的工作压力还是很大的，与 D 大学签订的合同，要求在规定时间内能够有一个预期的突破，这给他带来了很大的心理压力。通过对观察记录的分析，发现三名外籍教师在工作压力感受上有所区别，在导致工作压力产生的来源上既有相同之处也有差异。

（一）工资收入压力差异较大的高校外籍教师

因为外教往往将工资收入看作个人隐私，所以访谈始终没有涉及三位外籍教师的工资收入问题，但外籍教师管理人员提供了一些相关信息，语言教学类外教的工资相对最低，一般在 5000 元/月左右，专业教学类外教工资一般在 8000 元/月左右，科研合作型外教工资最高，一般都在 10000 元/月以上。从卡西老师的日常行为中，能够感受到较低的工资待遇给语言教学类外教带来的压力。通过观察，学校周围的咖啡厅很多，但卡西老师去咖啡厅的次数不多，往往是在中国其他高校的同乡或朋友来看望他时，或者被别人邀请时，他才去那里消费。对于在本国经常出入咖啡厅的外教来说，只有在收入不那么可观的情况下，为了节约开支才会放弃自己的所爱。在跟卡西同一办公室的其他外教闲聊的过程中，当我问他们是否经常去校外的西餐厅吃饭时，他们几乎不约而同地告诉我："太贵了，吃不起啊"。外籍教师来华任教的目的不同也会影响他们的工资收入压力，有的外籍教师来中国的目的是想多赚些钱，结果来到中国发现工资收入并不高，很多中国高校还规定不许外籍教师做兼职工作，这样他们就感到经济压力变大了。有些外籍教师到中国主要是为了锻炼、旅游，可能他们的家庭经济情况很好，不需要养家糊口，因此在中国赚的钱可以满足他们在中国的消费需求，这部分外籍教师并没有感到太大的经济压力。卡西老师显然需要每个月往家里寄点钱，他与一个印度同行的对话说明了这一点，他对那个印度老师说："你的人民币寄回国内能买很多东西啊，我的这点钱寄回家就成了零花钱了呢，所以我不能每个月往家里寄钱，要积攒几个月一起寄回去，这样让家人感觉我还是挣了点钱，哈哈，收入太低了，就得动点脑筋让家人高兴。"面对同样情况的外教以欧美籍的居多，他们处于经济发达国家之列，国民收入自然要高于中国，而来自印度、菲律宾等国家的外教则会感到比在自己国家挣钱多，工资待遇令他们很满意，没有造成经济压力。

在与米列西奇和史密斯的交谈中，了解到他们在经济收入方面并没有什么压力，主要是他们的工资相对较高，俄罗斯现在经济比较萧条，物价水平也不高，所以米列西奇的工资收入与其国内相比还是在中上水平。而史密斯享受高薪待遇，几乎没有经济压力。

（二）经常面临教学工作压力的高校外籍教师

教学是大学里最主要的任务，对于从事西班牙语教学的卡西老师和从事专业教学的米列西奇老师来说，他们在很多时候需要面对的是教学工作压力。卡西老师的课时量与本土外语老师以及从事英语教学的其他外籍老师相比要多一些，从事英语教学的教师一般每周12课时，西班牙语在外语学院属于小语种范畴，学习小语种的学生相对较少，而能够聘请到优秀的小语种外教更难，从师生比来看，似乎是超额配置了西班牙语教师，但从工作量来看，显然这方面的师资还很不足。除了课时量多，上课占用了卡西老师大部分时间之外，备课也是卡西老师的另一项负担，他每天晚上需要抽出两个小时备两个年级的课，他很羡慕他的印度籍同事，经常会说："真羡慕你啊莫西丹，我备课的时间都超过你的两倍了，我赚的钱可是跟你的差不多呢。"除了工作负荷大给卡西老师带来些许烦恼，学生的西班牙语基础薄弱更让卡西老师着急。虽然，卡西老师的学生只有20人，但这些学生在上大学之前都是学习英语的，没有人学习过西班牙语，属于零基础的生源，卡西老师只能从一个个单词教起，而中国学生学习外语的习惯是往往注重语法和单词，在课堂上不爱主动发言，卡西使尽浑身解数，但效果还是不明显，这让激情四射的卡西也变得气馁起来。他很担心自己由于教学效果不明显而被解聘，幸而学校的教学督导团对外教的教学考察不是很感兴趣，他们主要针对本土教师，一年下来，来听课的管理者和同行很少，外语学院偶尔组织1次听课活动，都比较形式化。

米列西奇老师的课时量不多，每周只有12课时，他只写1份教案就可以，虽然授课的学生数量多，但从备课工作量和课时量上看他都要比卡西老师轻松，但是他也有特殊的压力，第一就是语言问题，他的汉语水平有限，无法用汉语授课，而很多学生没有学过俄罗斯语，所以他只能用英语授课，但他的英语发音不是特别标准，因此与学生沟通很不畅；第二是模电这门课程确实难度很大，很多学生学起来都很吃力，米列西奇老师很担心学生的考试成绩不能达标。

（三）科研压力迥异的高校外籍教师

史密斯教授每学期给学生主讲四次专题讲座，主要目的是开拓学生的知识视野，让学生了解一些比较前沿的专业知识和重大科研突破，因此他不需要面对学业成绩考试这个问题，没有教学方面的压力。但在3名外教中，他的科研工作压力是最大的，根据观察，他每天的时间安排很紧凑，早上8点钟到实验室，带领着一批博士、硕士和年轻教师开始进行科研工作，除了中午、晚饭各花费1小时，跑步要花去1小时，他晚饭后还要继续工作到晚上9点。不仅如此，周末除了去超市买些日用品之外，他也经常会到实验室进行工作。他与学校签订的合作协议要求，每年要在国际高端刊物上发表论文2篇以上，如果合作期结束，考核没有完成合作目标，将扣发三分之一的薪水。从这些工作负荷来看，史密斯教授的科研压力确实很大。反观卡西和米列西奇老师，他们在科研方面的压力微乎其微，在他们与学校签署的聘用合同中，没有对科研成果进行规定。

（四）被职业发展压力萦绕的高校外籍教师

教师的职业发展是关乎个人和组织成长的一项重大工程，教师职业发展主要包括专业发展（即专业知识、专业能力、职业道德的培养）、职务晋升、职称晋升三个方面。由于中国对外籍教师的管理属于二元管理体制，即本土教师与外籍教师进行分别管理，很多方面没有纳入统一的轨道中来，加上中国高校的外籍教师流动性大等客观原因，在外籍教师职业发展方面的作为极少。卡西老师是一名受过高等师范教育的人，心理学、教育学、语言学等方面的基础知识较为扎实，专业知识、专业能力和职业素养得到了外语学院同行和学生的一致认可。但卡西老师认为这样还不够，他抱怨说："我来到中国的大学几乎没受过一次正规的培训，我需要了解中国学生的学习习惯，中国老师的教学方法，这样才能让学生们接受起来更容易，但遗憾的是到现在为止学校里没有哪个部门组织这样的培训，我很不满意。"卡西除了对没有正规培训表示不满意之外，他有一些很好的教学改革建议和学校管理建议却没有地方提交，对此他很不满，他跟外语学院的管理人员小王说过这个问题，但小王对此好像不是很关心，不知道他是否向上级提交了这些意见，总之，卡西没看到教学和管理出现任何改变。

除了与卡西老师有这些相同的诉求之外，米列西奇老师还非常关心自己的职称问题，他在俄罗斯国内评上讲师职称已经好几年了，而且即将符合评聘副教授的资格，但如果在中国任教几年，评职称的事情就会被耽搁下来，因为在中国的高校里，外教没有评聘职称的机会，所以他也经常为此感到烦恼。

史密斯教授与卡西和米列西奇就不同了，他在职业发展方面几乎没有任何压力。首先，他的能力水平已经达到了一定高度，依靠知识的积累和能力的自我提高就完全可以达到职业发展的目标；其次，他的职称已经是教授了，这在英国的高校也是职称金字塔的顶端了。

（五）人际关系压力始终存在的高校外籍教师

根据跨文化适应理论，个体到一个陌生的文化环境中，需要进行一次文化再造的过程，在这个过程中会产生一些烦恼，乃至压力。外籍教师融入中国高校组织和融入当地社会生活一直是一个很重要的课题，外籍教师的阅历、高校的相关措施等都会影响他们跨文化适应的速度。卡西老师显然有些方面还处于跨文化的适应过程中，他朋友不多，尤其与中国的同事接触极少，除了上课与学生进行交流互动外，就是到商场买东西时会跟中国人有点接触，总体看来他还没有融入本校教师群体中。米列西奇与卡西一样，也是第一次出国任教，虽然他与中国本土教师一个办公室，但其汉语水平难以与他们顺畅交流，加上他的性格比较内向，总显得有些格格不入。史密斯与中国同事相处的相对好一些，这与他多年在国际上进行学术交流的经验有关，他的汉语水平也很高，能够与中国同事进行良好的沟通，加上其性格开朗，逐渐有了一些中国朋友。

总体来看，这三名外籍教师都存在跨文化人际关系压力问题，只不过这方面的工作压力大小不同而已。一方面，与自身的性格和所处的工作环境有关；另一方面，与学校的外籍教师管理也有密切关系。观察发现，多数学校工会组织的活动几乎不会邀请外籍教师参与，如教工篮球赛、足球赛等，很少看到外教的身影。活动是促进组织中个体相互交流的主要手段，缺少活动使得外教融入学校组织较为缓慢。因此，尽管卡西来中国任教将近2年了，但他经常会感到孤独难耐，想家的思绪常常挥之不去，这种孤独感也经常会转化成一种人际交往的压力，影响外籍教师的工作效率。

（六）个人期望层次不同的高校外籍教师

根据前文对工作压力理论的分析，个人期望等个性因素也是工作压力产生的重要影响因素，个人期望过高，而现实又无法达到预期，就会使个人的工作压力增大。卡西老师属于A型性格的人，工作很有激情，效率高，对自己要求严格，时间观念强，进取心强。卡西的几个外国同事是这样评价卡西的，"卡西是个工作狂""卡西对自己要求太严苛了""卡西是个办事效率极高的人""做卡西的同事可真的有压力啊，他太优秀了"。卡西老师自己也这样描述，"我希望我教的学生能够很快掌握西班牙语的听、说、读、写，但是他们的基础太薄弱，在中学几乎没有接触过西班牙语，当看到时间一天天过去，学生们却没有太大进步的时候，我几乎都快窒息了，这时候去跑跑步才能缓解缓解。"

米列西奇与卡西相比，个人期望不是很高，他认为，只要按照学校的要求完成教学任务就可以，来中国的主要目的是增加一些阅历，所教授班级学生的成绩不太差就行。所以，他的整体压力感受不是特别强烈。

史密斯教授虽然开朗，但他对自己的要求很高，他有更高的精神追求，据他的中国同事介绍，他对待科研工作一丝不苟，每条结论都是在无数次试验的验证下得出的，比大多数中国同事认真、刻苦，他想在新材料加工领域有所发明创造，甚至冲击诺贝尔奖。

可以看出，外籍教师来华任教的目的、工作态度、个人对自己的期望值都会影响工作压力的大小，像史密斯教授这样工作态度认真、个人期望较高的人，工作压力水平就高些，这种工作压力往往转化为工作动力，能够提高工作效率。不过，如果这种工作压力太大，也会导致一些不良工作压力反应发生，甚至降低工作效率。

三 对高校外籍教师工作压力影响的分析

从上面的分析可以看出,三位外籍教师都有不同程度的工作压力,他们的工作压力来源既有共同之处,也有不同之处,具有不均衡性,工作压力具有动态特征。因此,其工作压力反应也可能具有动态性和不对称性特征。

(一)对高校外籍教师心理上的负向影响

根据前人对工作压力的研究文献,工作压力对个体的作用,可能会出现心理反应,如焦虑、抑郁、情绪低落、注意力不集中等。三位外籍教师是否会有这些症状出现呢?卡西老师介绍,在秋季开学的第一个星期,他给大一新生讲授西班牙语时,发现学生们几乎没有一点西班牙语基础,学习每个单词都是那么的费力,那段时间他的压力十分大,时常焦虑,注意力也变得不集中起来,有时候同事跟他打招呼,他半天才反应过来。但过了1个月左右,随着学生学习西班牙语的进步,卡西老师终于看到了希望,他的焦虑情绪也随之消失。卡西老师偶尔也会出现情绪低落的情况,比如与管理人员沟通不畅,自己的建议得不到采纳时。在谈到自己职称晋升等事情上他的情绪也很低落,觉得既无奈也无助。至于抑郁,卡西老师说自己基本不会发生这种情况,当面对压力的时候自己是可以排解的,不至于发生抑郁的情况。从整体上看,工作压力给卡西老师带来的负面心理反应不是很明显,一些症状只是偶尔出现,对他的工作影响并不很大。

同样的心理反应也在米列西奇和史密斯两位外教身上出现过,米列西奇看到很多学生虽然付出了大量努力,还是难以真正掌握模电知识时,很是苦恼,进而焦虑起来,由于他性格内向,焦虑到一定程度,还会有点抑郁,但这种情况随着学生逐渐掌握学习规律后就消失了。史密斯教授可能习惯了有压力的科研生活,他应对压力的能力很强,只是遇到重大难题时,偶尔焦虑一下。

(二)对高校外籍教师生理上的负面影响

工作压力对员工个体的影响不仅仅表现在心理上,当工作压力达到一定水平,伴随着心理反应的出现,个体也会在生理上有所表现,最常见的生理反应是头痛、失眠、胸闷、耳鸣、易疲劳、记忆力下降等症状。在与3位外籍教师交谈中得知,他们在焦虑的时候都容易失眠,因为总在为怎样才能使学生尽快学好课程,或者怎样突破科研难题等问题而冥思苦想,心里充满担忧,所以就难以入睡了。卡西和米列西奇都曾经出现过头疼、胸闷、耳鸣的症状,但都属于偶然现象。史密斯教授坦诚自己没有出现过这些症状,但是自己很长一段时间容易感到疲劳,这可能与长期进行脑力劳动有关,神经一直处于紧张状态,使得身体略显疲惫,每当这时,他就找个合适的方式进行放松,然后就能缓解很多。卡西说,自己的记忆力一直不是很好,现在比年轻时记忆力下降了一些,但这都是人的自然生理现象,这半年里没有发现记忆力有明显的变化。他说自己最明显的一项生理反应是易疲劳,原因可能是工作负荷有些大,周一到周五每天上午都有事情,晚上还要备课,这样算起来,每周的工作时间超过了25小时,与之前在国内的工作负荷相比,显然大了很多,因此经常感到疲劳,回到公寓不想做别的事情,有时候卫生都不愿意打扫,就想躺在床上好好休息一下。

从3位外籍教师的生理反应来看,工作负荷大给他们带来了一定的工作压力,从而使他们经常觉得疲劳,其他方面的生理反应不经常出现,证明总体工作压力反应不是很强烈。

(三) 对高校外籍教师行为上的负面影响

根据其他学者的研究,教师工作压力除对个体的心理和生理产生负面影响以外,还可能引起个体行为的变化,比如教师在超过一定强度的压力下,会变得爱发脾气,经常迟到、早退,或者有其他过激行为,反应迟钝等。卡西老师在心理焦虑的情况下不仅会出现失眠等生理反应,事实上也出现过行为上的反应,他是一个比较温和而有绅士风度的人,很少跟同事或者学生发脾气,但是在刚开学的那个月,因为心情比较焦虑,乃至于经常跟学生发脾气,学生产生了逆反情绪,导致师生关系一度紧张,反过来又增加了其工作压力。米列西奇在工作压力大的时段,会出现反应迟钝的行为反应,每当这时,他跟学生踢球时的状态也不如平时好,他还曾经有过厌倦上课的时候,曾经上课迟到过一次。史密斯教授是个基督徒,当他感到压力大的时候,去附近的教堂的次数就会增加一些，在那里仿佛能够进行心灵的洗涤，能够帮助他减轻压力。从以上的观察分析可知，三名外籍教师只有在工作压力较大的时候才会出现一些负面行为反应，大部分时间是没有负面行为反应的。可见，工作压力的行为反应与工作压力强度有着内在的关联。

（四）对高校外籍教师产生的积极影响

工作压力既会产生消极影响，也会带来积极影响，这在前文已经有所阐述，也得到了人们的普遍认同。常言道："没有压力，就没有动力"，适度的工作压力会激发个体的工作积极性，保持工作热情，提高个体的工作效率。从前面的分析可知，卡西老师在西班牙语教学的过程中是存在工作压力的，虽然这种工作压力不是恒久不变的，时大时小，而且还带来一些负面的影响，不过，卡西老师以及他的同事都认为，工作压力的存在不一定都是坏事，卡西老师说，由于担心学生学习而引起的工作压力并不是坏事，会使自己不断思考如何改善教学方法，直到学生认可为止，这样的工作压力能使人提高工作效率，并增强教学效果。米列西奇也认为有一定的工作压力才能够激发工作积极性，当自己感到有压力时，就会时刻考虑如何解决遇到的教学难题，充分开发自己的智慧，接下来就会收到令人愉快的结果。史密斯教授存在科研工作压力是不争的事实，他的同事们都觉得他是个富有工作效率的人，他们说这可能与工作压力有一定关系。

从3位外籍教师面对工作压力表现出的工作效果来看，工作压力具有两面性，有的工作压力是具有消极影响的，有的则会带来积极影响，我们应该分清工作压力的这种特性，合理利用工作压力的积极影响，使它为组织管理服务。

四 个案研究的结论

通过对3位高校外籍教师个案研究材料的分析，大致可以得出以下几条结论：

第一，不同高校外籍教师个体基本都会感受到工作压力的存在，他们的总体工作压力感受是不同的，而且是动态的。3位在不同工作岗位上工作的外籍教师，对工作压力有着不同的感受，有的认为较轻，有的认为适中，有的认为较大一些，这与他们所处的工作环境，以及个人应付工作压力的能力均有关系。不仅如此，在对三名外教的观察中，还发现他们的工作压力水平是动态的，有时工作压力大，有时工作压力较小。

第二，高校外籍教师个体的工作压力源是多种多样的，它们既有群体共性，也有群体个性。从3位外籍教师工作压力的来源看，有的因素是引起他们工作压力的共同来源，有的因素能够引起某个人的工作压力，但对另外的人却没有什么影响。比如在跨文化人际关系方面，尽管他们的出国经验、性格、能力有所区别，但人际关系的和谐问题都会经常困扰他们，乃至困扰整个外籍教师群体，即使他（她）已经成为"中国通"，这种跨文化的差异也会为他（她）带来烦恼。与之相对的，科研负荷对史密斯教授有所影响，而不会给其他两位外教带来工作压力，正如教学负荷不会影响史密斯教授一样。

第三，工作压力给高校外籍教师个体带来的影响具有两面性，不同性质的工作压力来源的影响不同。有些工作压力具有消极影响，会给外籍教师的生理、心理和行为带来负面影响。比如人际关系不融洽带来的工作压力，它只会使外籍教师陷入苦闷，而不会激发他们的工作积极性。而教学负荷、科研负荷、个人期望等因素引起的工作压力就会激发他们的工作热情，属于积极工作压力。但积极工作压力过大，超出个体的承受能力，也会变为消极工作压力，降低外籍教师的工作效率。

第 五 章

高校外籍教师工作压力现状的组织管理诱因分析

前文对高校外籍教师工作压力的现状进行了实证性研究,从实证研究的结论能够知晓,高校外籍教师的工作压力来源是多元的,高校外籍教师的工作压力强度和工作压力感受在各个工作压力源维度上具有群体差异和个体差异。而且,对引起高校外籍教师的工作压力来源进行分析,这些工作压力来源与高校的内部组织管理有着密切的关系。因此,本章将从聘请管理、教学管理、科研管理、人事管理、后勤管理五个维度探讨组织管理对高校外籍教师工作压力来源的影响,以及对其工作压力形成的作用。

第一节 高校外籍教师聘请管理诱因

一 高校外籍教师聘请与管理政策的影响

(一)高校外籍教师聘请与管理的定位问题

外籍教师来中国任教的历史,有记录可查的是19世纪中叶开始的教会学校教育。1840年鸦片战争之后,美英等国在中国设立的教会学校,重要的教职岗位大多由外国人担任,外籍教师在中国大地上开始出现。[①]中华人民共和国成立后,政府接管了之前的教会学校,并对之进行了改

---

① 卓成霞:《60年来我国引进国外智力的发展与超越》,《石家庄经济学院学报》2009年第12期。

造,外籍教师都回到了自己的祖国。在中苏友好时期,中国聘请了少量的苏联教师,他们普遍具有专家身份,从那时起,外籍教师的聘请和管理是与外籍专家同时进行的。改革开放后,为扩大中外教育交流、缩小中外教育水平的差距、改善中国外语教学质量,特别是后来社会力量办学和中外合作办学的兴起,聘请外籍教师来华任教成为潮流,高校成为外籍教师引进的主力单位。高校外籍教师的岗位也从外语教学领域进入理、工、农、医等各个领域。[①] 经过几十年的发展,当前中国政府对外籍教师聘请和管理工作的定位主要分为两种:一种是把它简单作为外国人的就业管理,另一种是把它完全等同于外籍专家管理。中国公立高校对外籍教师聘请和管理的定位一直坚持第二种定位,高校外籍教师归国家外国专家局管理就是最好的说明,这种定位将外籍教师聘请和管理工作完全等同于外籍专家管理的观念。在此定位下,高校外籍教师统统纳入国家对聘用外国文教专家的管理系统,实施统一归口管理。高校聘请外籍教师实行聘请外国文教专家单位资格认可制度,使得进入门槛过高、审批周期太长,导致高校及其他教育机构聘请外籍教师的正当需求得不到全面、及时的满足,也使得审批程序过繁,导致聘用效率低下,给外籍教师带来一些焦虑,从而形成不必要的压力。[②]

(二)高校外籍教师工资待遇相关政策问题

2010年2月,中华人民共和国外国专家局下发《关于公布〈普通外国文教专家及专业人员在华工作工资参考线〉的通知》(以下简称《通知》)。《通知》对中国各文教专家聘请单位的外籍教师的工资待遇提供了参考线,按经济发达程度将全国各省分为"三类地区",[③] 拥有学士学位,且具有2年以上教学工作经验的高校外籍教师待遇:"一类地区"在3500—4800元,"二类地区"在3200—4500元,"三类地区"在3000—

---

① 张建国:《引进国外智力是改革开放的重要组成部分》,《国际人才交流》2009年第1期。

② 刘建彬、崔源:《融全球智力铸华夏辉煌——引进国外智力工作回眸》,《中国人才》2008年第10期。

③ 俞华萍:《云南民办高校外籍教师管理研究——以云南经济管理职业学院为例》,硕士学位论文,云南大学,2012年,第17页。

4100元；助理教授、讲师（满足5年及以上教学工作经验，具有硕士学位，且具有相应业务水平和职称的专业人员）的待遇："一类地区"在4200—7600元，"二类地区"在3900—6900元，"三类地区"在3600—6500元；副教授、教授（相应职称和业务水平的专业人员）待遇："一类地区"在6700—15000元，"二类地区"在6100—12000元，"三类地区"在5800—10000元。① 如今高校外籍教师的工资标准仍然依据这个文件标准在执行，随着中国经济的全面发展，很多物价水平较2010年已经上涨很多，现行的工资购买力已经严重贬值，所以实证调查的总体结果显示工资待遇带来的压力相对较大。根据调查，中国的外籍教师队伍中，具有学士学位的占绝大部分，都拿着最低档的工资待遇，因此，工资待遇成为高校外籍教师的主要工作压力源。此外，工资在职称、教龄、学历方面的差距也非常明显，这也是高校外籍教师工作压力在工资待遇维度形成差异的主要因素。对于那些高学历、高职称、教学经验丰富或科研能力高的外籍教师，他们的工资待遇很高，给他们带来的压力就比较小，相反，那些低学历、低职称、教学经验少的外籍教师在工资待遇上压力就很大。

除了薪酬上的压力，社会保障，尤其是社会保险方面的问题也给外籍教师带来一定的工作压力。中国2011年7月1日起施行的《社会保险法》第97条规定："外国人在中国境内就业的，参照本法规定参加社会保险。"② 2011年10月15日起施行了《在中国境内就业的外国人参加社会保险暂行办法》，但是在实施过程中，存在着很多法律难题，无法落实到位。这些政策的不足表现在：一是《暂行办法》对于外国人享有中国社会保险待遇的条件规定非常笼统，该办法规定："参加社会保险的外国人，符合条件的，依法享受社会保险待遇。"但是，对符合什么条件，《暂行办法》并没有做出详细规定，从法理上来说凡是取得中华人民共和国签证的外国人应该享受与中国公民同等社会保险待遇。但可以肯定的

---

① 国家外国专家局教科文卫专家司：《普通外国文教专家及专业人员在华工作工资参考线[EB/OL]》（https://www.pkulaw.com/chl/13244f905d024668bdfb.html）。

② 新华社：《中华人民共和国社会保险法（主席令第三十五号）[EB/OL]》，2010年10月，（http://www.gov.cn/flfg/2010-10/28/content_1732767.htm）。

是外国人领取社会保险金的条件与中国公民不同，根据现行《社会保险法》规定的条件，外国人是很难享受到中国的社会保险待遇的。[①] 原因在于外国人享受待遇的标准仍不明确，而且外国人参加中国社会保险往往会导致重复参保。很多高校外籍教师反映，其在自己的国家已经缴纳过社会保险费，不愿再参加中国的社会保险。这些矛盾的存在意味着高校外籍教师享受中国社会保险待遇的机会不大，高校和外籍教师在社会保险的缴费上，动力明显不足，很少有高校为外籍教师购买居民医疗保险，一般都是购买了临时医疗保险和意外伤害险，临时保险对外籍教师因病住院所花的医疗费用报销比例很小，起不到太多的保障作用，这些政策上的不足往往会导致很多外籍教师不满情绪的产生。

二　高校外籍教师岗前培训制度的影响

根据前文的调查统计可知，跨文化教学和跨文化人际关系是高校外籍教师工作压力的主要来源，这两个维度其实均属于跨文化适应问题。跨文化适应带来的压力大，主要原因在于缺乏岗前培训。在对高校外事管理人员的调查问卷统计中，本书从"贵校是否建立了外籍教师岗前培训制度"的回答中发现，受访的大部分高校没有建立这样的制度。20所高校中，有13所高校没有建立高校外籍教师的岗前培训制度，仅有7所高校建立了这样的制度。对这7所高校外籍教师的跨文化教学和跨文化人际关系两个压力源维度进行考察，其外籍教师的工作压力均值明显低于其他没有建立岗前培训制度的高校的外籍教师。岗前培训缺失带来的工作压力，从对外籍教师的访谈中也能够得到很好的体现。下面是一段对外籍教师访谈的整理材料：

问：您好，您任教之前学校对您做过系统的培训吗？（如对中国文化的介绍，对高校管理制度的介绍，对学生情况的介绍。）

答：实话实说，我是通过中介机构应聘过来的，在来中国之前，这

---

① 人力资源和社会保障部：《在中国境内就业的外国人参加社会保险暂行办法 [EB/OL]》，2011年9月（http://www.mohrss.gov.cn/gjhzs/GJHZzhengcewenjian/201109/t20110921_83663.html）。

个大学只是向我要了一些证书和个人工作简历，说是为了资格审查。通过后，通知我9月初来学校报到，来到学校之后，外事人员Miss Wang向我简单介绍了大学的规章制度以及生活上的一些事情，主管外语系教学的Miss Li向我介绍了课程要求，给了我课程表和学生名单。第二天我就开始给学生上课了。我感觉这不是系统性的职前培训。

　　问：您觉得进行系统的职前培训是否有必要？如果必要的话，培训内容都应该包括哪些？

　　答：我觉得在任教前对我们这些外国教师进行职前培训是很有必要的，为什么这样说呢，因为我们很多人之前都没到过中国，对中国文化的了解很少，不清楚这里人们的思维方式，我来了之后感到文化差异很大，在交流上很容易出现分歧。另外，我对中国的大学生学习状态、学习基础和学习习惯都不了解，在刚刚开始上课的那段时间，感到很迷茫。我对学校和学院的一些管理制度也缺乏了解，有时候觉得他们制定的制度很不合理。因此，我感觉很有必要把新聘请的外国教师组织起来，将中国高校的管理制度、学生的学习状况和中国教师的教学模式等内容对他们进行系统的介绍，这样会减少外国教师的很多顾虑。（W201411）

　　至于外籍教师岗前培训制度为什么没有建立的问题，通过对高校人事管理部门人员的访谈，基本得到了答案。一位高校外事处处长的话很有代表性：他认为高校外籍教师岗前培训制度之所以缺失，第一点是高校的主管领导不重视，他们觉得高校外籍教师数量较少，外籍教师对学校的整体办学效益、办学质量影响不大，没必要像本土教师那样，参加大规模的岗前培训，只要按照合同规定，能按时给学生上课就行；第二点是学校不愿意在聘请外籍教师上投入太多，职前培训不仅涉及设备、场地等问题，也涉及聘请专业的教师、花费培训费等问题；第三点是时间安排上的难度较大，由于大部分外籍教师在聘请前都是通过互联网进行沟通，很难进行面对面的培训，等确定被聘用后，往往会等到开学报到时才能见面，如果开学后再抽出一段时间来进行职前培训，会耽搁教学时间。外籍教师的聘期大多是一年，如果耽搁一周，学校管理人员和学生都认为是一种资源浪费，因此大多数高校都是简单地介绍一下学校情况，草草地领着外籍教师熟悉一下学校环境，就让外籍教师直接去开展教育教学或科研工作。

三 高校外籍教师聘请过程的影响

调查显示，在同一工作环境中的个人条件基本相同的教师，面对同一压力源，他们的压力感受也是不同的。这说明工作压力受个人因素影响很大，主要表现为个性特征和个人素质。根据已有研究，能力低的教师，无论是教学能力还是科研能力，他们在应对教学任务和科研任务时，显得手忙脚乱，力不从心，因而感到工作负荷大，教学和科研难度大，难以达到高校管理者和学生的期望，因此倍感压力。亚当·密斯用实证的方法专门研究了教师职业压力与教师素养之间的关系，结果表明，教师个体的职业角色定位不准、职业素养达不到行业要求是主要的压力源，比较而言，职业准备不充分、职业素养低的教师承受的压力比较大。[①] 在本书的调查中，有些外籍教师来华任教之前没有从事过教学工作，有的是从事其他职业的，有的是刚刚毕业的大学生，有些从事过其他学科的教学，他们在新的工作岗位上缺乏足够的职业素养，因此会产生较大的工作压力。英国学者克拉克等人发现，较高的估计自己的能力，对教学成绩的期望值较高也是压力的来源。实证结果表明，那些对自己教学工作结果期望值比较高的外籍教师，由于文化差异等外部因素，往往工作效果令人大失所望，由此造成了很大压力。另外，人格因素也会影响工作压力。弗莱德曼和罗斯曼的研究表明，A 型人格的教师具有成就感高、上进心强、做事认真负责、对自己要求高等特点，往往会成为工作压力感比较强的人。[②] 工作动机端正，工作责任感就强，积极性工作压力水平就高，工作效果就好；相反，工作动机不端正，对工作付出的关心少，积极性工作压力水平就低，工作效果就不好。调查发现，有些外籍教师

[①] 王赐文：《高校教师职业压力与缓解策略》，硕士学位论文，湖南大学，2008 年，第 31—32 页。

[②] Grossi G., "Financial Stain, Work Involvement and Psychological and Psychosomatic Spymptomsamongst a Group of Unemployed Swedish Men and Women", *Sweden*: *Department of psychology*, *Division of Biological Psychology*, Stockholm University, 1999, pp. 1–5.

抱着到中国旅游或者淘金的动机来任教，对教学工作往往应付了事，在各个压力源维度的压力都不大，相应的工作效果也不显著。以上压力源的产生从表面看是外籍教师的个人因素所致，深入思考后便会有不同的答案，其实主要问题由高校在聘请外籍教师过程中把关不严、聘请的外籍教师质量良莠不齐造成的。

随着中国高等教育国际化的深度发展，高校对外籍教师数量的需求会持续上升，外籍教师的供求矛盾会越来越突出。依靠互联网招聘和中介推荐的方式来聘请外籍教师很难满足要求，需要拓展更多的外籍教师聘请渠道。高校外籍教师的来源有两种：一是从国外直接聘请，属于直聘；二是从国内其他高校聘请，属于转聘。由于直接面试使双方聘请成本都很高，且直聘很难对外籍教师有深入的了解，转聘成为主要的聘请方式。[①] 目前，普遍使用电话或视频进行面试，虽然在一定程度上能解决面对面交谈困难的问题，但是由于时差的存在，想要找到双方都空闲的时间还有些困难，即使顺利地进行电话或网上面试，也只能了解到外籍教师的某些方面，根本无从对其进行全方位的了解，因此聘请质量无法保障，容易在日后的工作中出现问题。下面的例子就足以证明这一点：

2011年8月，某外籍教师经过中介推荐，受聘到辽宁某高校任教。学校根据个人简历和推荐信，认为这名外籍教师完全符合学校的聘请要求。而且，其30岁左右的年龄正是年富力强、工作精力旺盛的时期。该名外籍教师上岗之后，工作表现却差强人意，在课堂上对学生没有耐心，与学生沟通非常困难，经常无故上课迟到。学生对他的上课水平颇为质疑，多次向院里负责外籍教师教务工作的人员反映情况，学院的教务管理人员和学校外事部门均与该外籍教师进行了正式谈话，对该外籍教师进行了耐心教育，并对他提出了后期教学要求。然而，没过多久，学生们又向校方对他进行投诉。最终，学校有关部门与该外籍教师进行多次谈话，该外籍教师认为自己无法适应中国高校的教学，同意离职。这种

---

① 吴玉新、邵建强、王力：《高校外籍教师聘请与管理存在的问题与对策》，《河北科技师范学院学报》（社会科学版）2005年第3期。

情况的发生与高校外籍教师聘请过程中前期审核不严不无关系。
(G201417)

第二节 高校外籍教师教学管理诱因

中国高校外籍教师队伍的构成,教学类型的教师(包括语言类教学和专业课教学)占绝大部分,因此,教学工作是外籍教师的主要工作,提升外籍教师的教学效果是学校管理的重要任务。根据罗宾斯的工作压力和工作绩效关系原理,外籍教师教学工作压力太大或太小都会导致教学效益的降低,或教学效果的下降。[①] 根据上一章的实证研究,可以发现,中国高校外籍教师在教学工作维度上的总体压力不大,但这也不能说明全部外籍教师的教学工作压力较小。因为根据统计数据来看,有的高校外籍教师教学工作压力偏小,有的高校外籍教师教学工作压力则偏大,而且,同一高校内部的外籍教师在教学上的工作压力也是存在一定差异的。教学工作压力的差异不仅受到教师个体因素的影响,还会受到各个学校在教学管理方面的影响。

一 高校外籍教师教学工作负荷带来的影响

根据第四章的调查统计,工作负荷压力源是外籍教师工作压力的主要来源之一。由于中国的外籍教师90%以上都是从事教学岗位的,因此,他们的工作负荷主要来自于教学以及与教学相关的活动。如上文所分析,外籍教师教学负荷主要由周课时量、备课所用时间、组织课外活动的次数等方面构成。从工作负荷压力源量表的统计数据可以看出,不同高校的外籍教师对教学负荷带来的工作压力选择是不同的,部分高校的外籍教师选择了"0"或"1",即"没有压力"或"压力很小",部分高校的外籍教师选择了"4"或"5",即"压力比较大"或"压力很大",从"0"到"5"均有选择,可见标准差之大,反映了不同高校的外籍教师在

---

① Robbins. S. P, *Organizational Behaviors*, Upper Saddle River, New Jersey: Prentice-Hal, 2001, pp. 37–39.

教学负荷压力上的差异。再对照高校外籍教师工作压力问卷第一部分的"您的周课时量是多少？"这个问题的答案，就会发现这样一个规律，周课时量越大的教师，他在工作负荷处的压力均值就越高。可见，教学工作量与压力成正比。在对外籍教师的访谈中，部分高校的外籍教师反映他们一周五个工作日里，工作量达到了30—40课时，还有些外籍教师虽然每周只有16课时的工作量，但还要担负起组织英语角、英语沙龙等课外活动的任务。除了这些可以量化的工作负荷外，备课花费的时间，组织活动花费的时间都增加了工作负荷。另一种情况恰恰与此相反，有些高校的外籍教师每周课时量只有12课时，而且还没有组织课外活动的任务，这类外籍教师的教学工作负荷明显不大，因此他们在整个工作负荷上的压力都很小。可见，教学工作负荷会影响外籍教师工作压力的大小。

各个高校外籍教师教学工作负荷的差异，主要是由外籍教师数量与学校学生数量的师生比决定的。在对高校外事人员访谈的过程中，有的外事管理人员告诉我们，作为一所重点大学，他们对外籍教师的招聘条件要求很严格，致使近年来总是不能按计划招满外籍教师，造成一个外籍教师要担负起10个班级的外语教学，外籍教师对自己的工作量太大很是抱怨。还有的外事管理人员反映，学校的办学效益不好，欠债很多，学校教师的工资勉强能够发放出来，在这样的经济状况下，学校很难在聘请外籍教师的待遇上给予投入，致使学校外籍教师的工资待遇较低，很难吸引到合格的外籍教师，学校又不愿聘请质量低劣的外籍教师，导致外籍教师数量不足，数量的不足致使每个外籍教师的教学任务变大。与上述两种情况相反，有的外事部门人员反映，自己所在的学校主管领导很重视外籍教师队伍的建设，每年都会加大聘请外籍教师的力度，不断提高外籍教师的待遇，使得很多外籍教师争相来应聘，学校聘请了数量足够、质量优秀的外籍教师，于是，每个外籍教师的教学任务都不是很大，工作相对轻松，压力自然就不大了。

二 高校外籍教师日常教学监管体系完善程度带来的影响

教学管理不仅包括工作量的分配，教学效果的评估，更重要的在于教学过程管理。教学过程管理严格，给教师带来的工作压力就会增大，同时教学效果可能就会得到提高，相反，教学过程管理松弛，给教师施加的压力就小，教学效果就可能会变得不尽如人意。由此可见，外籍教师在教学维度的工作压力群体差异，与各高校的教学过程管理有关，而教学过程管理主要是对教师的教学计划、教材使用、教学态度、教学方式的监督和指导。监督体系越完善的高校，外籍教师感受到的压力越大一些，监督体系缺失或不完善的高校，外籍教师感受到的压力就小一些。在对高校外事管理人员进行访谈时，很多受访者在描述外籍教师授课的情况时是这样描述的："我校把外教聘请来之后，让具体单位的教务管理人员把课程表、教材交给外教，交代一下教学进度、教学时数、考试、考勤等要求，就让外籍教师到课堂去上课了，至于外籍教师采取什么教学方式上课，教学态度如何，学校平时基本不再关注，直到对外籍教师进行试用期考核时，甚至聘期考核时，学校才通过学生的评教情况来了解以上情况。"由此可见，大部分高校在外籍教师教学过程监管方面还没有给予足够的重视，在教学管理上没有给予外籍教师足够的压力。这种现状从对高校学生的简单调查中可见一斑，具体情况如表5—1：

表5—1　　　　　高校外籍教师教学情况统计　　　　　　（%）

问题	选择"是"的比例	选择"否"的比例
外教的教学方式是否符合你的习惯？	40.3	59.7
外教的教学是否有激情？	60.8	39.2
外教的授课是否按教学计划有序进行？	70.5	29.5
外教的教学内容是否符合你的学习基础？	36	64
外教的评分标准是否一致	80.7	19.3

上表的统计数据与学生对高校外籍教师授课情况的反馈意见基本一致，很多学生和教学管理人员反映，外籍教师与本土教师相比，最大的优点在于在教学中注重学生参与意识的培养，但他们的教学工作也有很多不足，知识传授缺乏系统性，表现得泛而不精。首先，高校外籍教师往往对教学内容难易程度把握不准，他们缺乏对中国高校课程标准的了解；其次，有些高校外籍教师在教学过程中对中国学生的英语学习程度

把握不够精准，从而有时对学生的要求过高，有时过低。大部分高校外籍教师放弃高校指定的教材，使用自己从本国或是从网上搜寻的教学材料。然而，没有固定的教材、教学内容和教学计划，对于中国学生来说，很不适应。再次，高校外籍教师对学生学业成绩的评分方式与本土教师的评分标准也有不同。[①] 他们的优点在于注重形成性评价，会把作业及课堂表现作为给学生加分的依据。评价缺点也相当明显，他们很少对学生出现的知识性错误进行指导，而且考试、考查的方式也不像其他课程那样严格。最后，外籍教师个体的文化背景不同，教育理念也不同，对学生的要求也不尽相同，课业评分标准也存在较大差异。

高校外籍教师教学过程中出现的以上问题，主要是缺乏教学监管造成的。大部分高校对本土教师的教学都有一套成熟的监督体系，学校有专门的教学督导队伍，对老师实行听课制度，从而提出任课教师在教学方法、教学态度、教学能力等方面的改进措施，帮助和监督教师的教学。但很多高校对外籍教师的教学监管则有所缺失，其原因主要归咎于外籍教师的"聘""用"分离制度。中国大部分高校的外籍教师聘请工作是由学校的外事办（处）单独完成的，而外籍教师到校后隶属于二级学院，在二级学院从事外语教学或其他工作。高校一般在每学年的第二个学期初进行教职员工招聘的计划，需要聘请外籍教师的二级学院向主管部门提出用人需求数量，但对外籍教师的一些基本条件，如性别、年龄、学历、教学经验、语言资格证书等很少提出具体要求；高校外事管理部门都是根据本省外国专家局、省教育厅对外合作与交流处的规定来聘请外籍教师。[②] 从这个聘请过程来看，高校的外籍教师外事招聘部门和使用部门的沟通存在问题，信息不对称，最终会导致聘请的外籍教师难以达到使用单位的要求。一旦外籍教师在教学过程中出现不适应学生需求的问题，使用单位就会与聘请单位发生相互推诿责任的现象。最极端的事情是使用单位会提出解聘某个不合乎要求的外籍教师，但是外籍教师的聘

---

① 俞华萍：《云南民办高校外籍教师管理研究——以云南经济管理职业学院为例》，硕士学位论文，云南大学，2012年，第15页。

② 金一超：《论外籍教师聘请和管理工作的重新定位》，《黑龙江高教研究》2006年第1期。

请成本很高，解聘一名外籍教师不仅会浪费一部分经济投入，还有很多无法计算的时间成本，而且要更换外籍教师也是十分复杂的事情。另外，外籍教师聘请单位和使用单位在管理权责上不清晰，容易形成教学管理的"真空"。二级学院是外籍教师的具体使用单位，但他们在外籍教师的聘请和考核上的权限很小，加之外籍教师的管理往往与涉外事务相联系，很多二级学院抱着十分谨慎的态度对待外籍教师的教学管理，本着能完成教学任务即可的最低要求的原则，至于教学能力、教学方式、教学态度等问题，只要不引起大多数学生的反对即可。而外事部门认为自己的职责在于对外籍教师的聘请和日常生活的管理，教学管理不属于自己的范畴，也无力去控制外籍教师的教学。但是也有一部分学校，外事部门和二级学院之间的外籍教师管理工作职责分得很清晰，二级学院建立了较为完备的教学监控体系。还有的高校，把外籍教师的教学管理直接纳入学校的教务部门，与本土教师进行统一管理。相对而言，较为完善的教学监控体系，让外籍教师的教学压力感强烈一些。

三　高校外籍教师教学研讨机制健全程度带来的影响

在对高校外籍教师和外事部门人员的访谈中，他们均证实了一点，大部分高校没有在外籍教师与外籍教师之间、外籍教师与中国教师之间建立起教学经验交流机制。

一位外籍教师是这样反映的："我已经来中国教授英语口语课半年了，在教学过程中遇到很多困惑，但始终没有找到很好的解决途径，比如学期初课程刚刚开始的时候，学生的参与兴趣还很高，结果过了一个月之后，学生们逐渐不怎么用英语交流了，口语课不进行交流，将成为怎样的口语课呢？外语学院给我配备了一名合作教师，但她很年轻，教学经验有限，我至今不太清楚，是学生们对我的教学方法不适应，还是对教学内容没有兴趣呢？我希望学校组织那些具有丰富教学经验的中国外语教师和外国教师，与我们一起讨论在教学中遇到的困惑，或者组织他们来到我的课堂听课，根据问题提出建议，这对像我这样初次来中国任教的外国人很有帮助。"（W201418）

当向高校外事部门人员问及"您认为外籍教师管理制度中还有哪些

制度需要完善?"时,有的外事管理人员就提出,目前大部分外籍教师跟中国同事接触很少,他们往往有独立的办公室,有的是一个人一个房间,有的是多人一个房间,将外籍教师和中国教师安排在一个办公室办公的情况不多。这主要还是基于文化差异的考虑,但这样的安排不利于中外教师的教学交流,外籍教师往往处于"单打独斗"的状态,而学校和学院也没有定期组织外籍教师与中国同事进行教学研讨的活动,所以,有些外籍教师在教学以及学生管理方面遇到障碍后很长时间都得不到解决。因此,80%以上的外事管理人员认为建立外籍教师与中国同事定期进行教学研讨的机制十分必要。

外籍教师在教学过程中遇到的问题得不到及时、有效的解决,便发展为焦虑,这种焦虑就变成了一种无形的压力。因此,是否建立了有效的教学研讨交流机制,也会影响外籍教师的跨文化教学工作压力。

四 高校外籍教师教学环境适应程度带来的影响

中国的外籍教师大部分来自欧美发达国家,这些国家的教学环境相对好一些,而中国还处于发展中阶段,尽管教育进入现代化阶段,但很多管理理念、教学条件与发达国家还存在一定差距,这也导致一些外籍教师对我们提供的教学条件和环境有些抱怨。

有的外籍教师抱怨:公共外语每班40人甚至更多的大班课,增加了教师的工作负荷,也降低了教学效果,部分外籍教师认为这种做法违背了语言教学的基本规律。同时外籍教师对中国教室课桌、凳子大部分不可移动感到无法理解,他们认为这些客观环境制约了语言教学的互动性。有的外籍教师抱怨难以找到合适的教材,在中国合适的教材和教学资料非常难找,教师除了上课之外,还要花很大精力去查找资料,甚至编写教材,虽然外语教材种类繁多,但针对某一年龄段、某一国家的并不多(W201417)。一位美国籍的外教称,由于找不到学生感兴趣的教材,她就充分利用自己的特长——画漫画,每次备课时,都把要教的内容画成漫画,感觉非常累(W201404)。另外一位华裔专业课教师,每年暑假都会特地回美国购买大量的报纸、杂志和专著,她说在中国很难得到相应的教学资料,想让学生了解先进的知识都要花很多功夫（W201407）。

这些教学环境的不适应，或者教学条件的不足，都会导致外籍教师工作负荷的增加，或引起他们的不满，从而形成压力。

第三节　高校外籍教师科研管理诱因

外籍教师队伍中，科研岗位的教师数量不多，低于整个队伍的10%。从第四章工作负荷压力源维度的统计结果看，科研工作负荷带来的压力对比整体压力来看可以忽略不计。但是，从不同工作岗位外籍教师在各个压力源维度上的统计来看，科研岗位的外籍教师与教学岗位的外籍教师还是有很多不同之处的，他们在工作负荷、考核评价两个压力源维度上的压力要高于教学型教师。这种差异的出现，无疑与外籍教师科研管理工作有关。

一　高校外籍教师科研管理制度带来的影响

高校外籍教师的科研管理制度基本是仿照中国教师的科研管理制度制定的，最主要的特征是量化管理。由于高校聘请的科研型外籍教师数量较少，多数高校还没有出台一套具体的外籍教师科研管理制度，对于外籍教师的科研管理规定主要体现在聘请合同上。这些科研管理规定与针对中国高校教师制订的政策有所不同，针对中国教师设计的科研管理政策，考核结果与职称晋升、工资待遇、职业发展直接挂钩，外籍教师因为基本不涉及职称晋升和职业发展方面的问题，因此对科研考核结果的处理，主要与他们的工资待遇和续聘有关。科研量化过细，科研考核周期短等制度性问题，或多或少都会给外籍教师带来不同的压力。

访谈中，一位科研岗位的外籍专家对科研管理制度表达了不满，他认为："科研活动是一个长期性和结果充满不确定性的活动，什么时间能把科研成果研究出来，世界上没有哪一个科学家敢确定一个准确的日期，只能根据科研进展情况做一个大致的推断。学校给我们制定的合同规划得很详细，甚至把每一个月应该完成哪些任务都规划好了，我每次一看到这个合同，就倍感压力。我觉得按照一个科研项目的完成为一个聘请周期，根据项目的价值来支付薪水是比较合理的。"（W201424）

这位外籍教师的观点具有一定的代表性，高校往往参照中国教师的科研管理制度来制定外籍教师的科研管理规定，这样做的优点在于：给外籍教师足够的科研压力，有可能提高科研工作效率；缺点在于：外籍教师对这样的科研管理规定可能产生很大的不适应，从而使科研工作的压力变大，超出适度水平，阻碍了科研效率的提高。

二 高校外籍教师科研工作负荷带来的影响

科研工作负荷主要由科研工作数量和工作质量组成的，数量上的多少和质量上的高低都会影响工作负荷。中国高校科研型外籍教师基本都是花重金聘请过来的国际知名学者和专家，为了实现聘用效益的最大化，往往是聘请费用越高，高校对他们的期望越高，因此，在聘用合同的规定上，高校对外籍教师的科研成果数量和质量要求都很高。[①] 从受访的1位外籍教师提供的聘请合同上看到，学校要求该教师每年在国际顶级期刊发表论文4篇，完成1项国家重大招标课题。尽管这位外籍教师确实在某一学科领域具有很高的造诣，过去几年平均每年能发表超过4篇的高水平论文，但这也不能表明他每年都能如此高产，这样的工作压力对他来说也是不小。当然，并不是所有科研型外籍教师都有这么多的任务量，而且在他们来华应聘时是根据自己的能力来确认合同的。即使如此，数据显示，高校科研型外籍教师的工作负荷维度的压力总体上是高于教学型教师的。可见科研工作负荷也是工作负荷压力维度上的一个不可忽视的因素。

三 高校外籍教师科研环境带来的影响

有一位大学校长用这样的话阐述了世界一流大学的三要素：大楼、大师和一流的办学条件，而办学条件中最重要的是教学条件和科研条件。

---

① 任中红、马静：《提升高校外籍教师资源聘用效益的若干思考》，《西北工业大学学报》（社会科学版）2008年第1期。

在采访一位重点大学的科研型外籍专家 Beken 教授时，当问道："您目前在工作中感到最为烦恼的事是什么？"他毫不犹豫地说："最让我感到忧虑的是缺乏一个设备先进的实验室。"他坦言道："之前他的很多研究成果，除了他的个人努力外，与美国芝加哥大学的先进实验设备不无关系，生命科学作为一个高科技学科领域，要取得突破性成果，需要有尖端的高科技设备作为科研辅助设施才能实现。目前，我们学校的实验室虽然在国内也已经非常高端，但相比世界知名高校的实验室，无论从设施设备的先进程度，还是从使用的管理上，都有不小的差距。我现在仍然可以使用美国芝加哥大学的生物实验室，但毕竟路途遥远，在时间和资金上都是一种浪费，因此我觉得很烦恼。"（W201403）

据高校外事管理人员反映，他在与科研型的外籍教师座谈时发现，与 Beken 教授存在同样困惑的外籍专家是很普遍的，因为他们往往来自世界著名大学，那里的科研条件是世界一流的，具有世界一流的实验室和一流的管理经验，而中国的科学研究才有几十年的历史，积累的管理经验和建造的科研设施都相对落后，难以满足这些外籍专家。这种科研条件上的差异，往往会导致外籍教师的不满和忧虑，无形中增加了他们的工作压力。

第四节　高校外籍教师人事管理诱因

一　高校外籍教师考核评价制度的完善程度产生的影响

尽管前文中高校外籍教师在工作压力源的群体差异统计显示，组织管理维度的总体压力程度不高，在 7 种压力源中排在第 5 位，但是在组织管理中的考核评价一项中，显示选项的标准差较大，说明考核评价给不同群体带来的工作压力是有很大差别的。这种个体差别的形成，可能与各个高校的考核评价制度的完善程度有关。其他学者的研究曾经证明了这个观点，如有的学者对中国高校教师在聘请制下的工作压力进行了调查研究，结果显示约 36.2% 的高校教师的压力来源于业绩评估。高校教师业绩评估的主要形式是考核，同时考核也是聘请制的主要内容之一。完善的高校教师业绩考核体系可以提高教师的积极性，带给高校教师一定的压力,这种压力会成为教师进行自我专业素质提高的动力,他们会自主学习,不断提升自己的专业水平,为做出更好的工作业绩而努力。然而,考核评估也是一把双刃剑,不完善的考核制度会导致高校教师工作压力过高或过低,这两种情况都不利于工作绩效的提高。苏曼丽在其硕士论文《广西高校外籍教师工作压力的实证研究——以广西大学等四所高校为例》中对外籍教师进行了调查,认为考评制度是外籍教师10个主要工作压力来源之一。[①] 考评制度的完善性、公平性、科学性以及考核结果的处理等直接或间接地影响着外籍教师的工作压力水平,二者具有密切的内在关联。本书对受访的20所高校是否建立外籍教师考核评价制度进行了统计,统计结果如表5—2:

表5—2　　　　高校外籍教师考评制度制定情况统计

高校名称	考评制度制定情况	
	有	无
东北大学		√
大连理工大学		√
沈阳航空航天大学	√	
沈阳理工大学		√
沈阳大学		√
沈阳工程学院	√	
中国医科大学	√	
辽宁中医药大学		√
沈阳药科大学		√
辽宁师范大学		√
大连大学		√
大连外国语大学		√
东北财经大学		√

---

① 苏曼丽:《广西高校外籍教师工作压力的实证研究》,硕士学位论文,广西大学,2012年,第31页。

续表

高校名称	考评制度制定情况	
	有	无
大连交通大学		√
渤海大学		√
辽宁大学	√	
沈阳师范大学	√	
沈阳建筑大学		√
大连海事大学	√	
沈阳工业大学		√

在受访的 20 所学校中，基本都设立了国际合作与交流处（学院），负责外籍教师的聘请及管理工作，但只有 30% 左右的学校在外籍教师的管理制度中对外教的考核做了规定或者单独制定了考核办法，而 70% 的高校则没有制定或者没有将考核制度公布于众。有些高校的二级学院虽然制定了外籍教师的考核制度，如辽宁大学亚欧学院、沈阳师范大学商学院等，但其内容仅限于工作量和评价方式的规定，很不完善。

通过对高校外籍教师管理人员的访谈发现，多数高校对制定外籍教师考核制度给予的重视不够，它们更注重聘请管理，对外教的考核多以签订的聘请合同为依据，而未从学校层面制定具有权威性的考核制度。

除此之外，考核评价制度中还存在考评模式不合理、考核评价指标不成体系、考核评价活动流于形式、考核结果得不到及时反馈等问题，这些问题无疑会影响到外籍教师的工作压力。

（1）缺少系列化的考评制度，不利于唤起外籍教师的工作热情

制度最大的作用在于保障员工的合法权益和激励员工的工作积极性，从而产生制度效益。对于没有制定外籍教师考核制度的高校，外籍教师的工作压力相对较小，难以唤起他们的工作热情，容易降低他们的工作绩效。

（2）不合理的考评模式，容易使外籍教师产生不公平感

现行的外教考评模式存在的主要问题在于考评主体的构成以及考评

主体在考评中所占权重的不合理性。考评主体单一化或考评主体权重分配差距太大，都会使外籍教师对考评结果的合理性提出质疑，这样的质疑往往会转化为工作压力，从而影响了工作效率。

(3) 考评指标的不完善，降低了考核制度的强制效力

有些高校制定的外籍教师考核指标完全按照本土教师的内容来进行，不符合外籍教师的特点，容易造成"有法不依"的现象。另外，有些考核指标能够量化而没有量化，表述含糊不清，容易造成"有法难依"的现象，这种不完善的考评指标不能对外籍教师形成足够的强制效力，继而难以形成压力，容易降低工作绩效。

(4) 考评制度的实施流于形式，难以形成约束力

根据高校外籍教师考评制度的实施现状，考评制度实施形式化现象普遍，这种形式化的考评对外籍教师造成的工作压力很小，于是很多外教降低了对工作效果的期望值，抱着"当一天和尚撞一天钟"的态度完成聘期任务，很难达到高校聘请外教的初衷。①

(5) 考核评估结果的反馈及处理，也会影响外籍教师的工作积极性

在访谈中，有的外籍教师反映，学期末大家都期待着考评结果，以便评估一下自己的工作效果，从而针对自己的不足之处进行改进。但很多时候，考评结果迟迟不能反馈回来，甚至不了了之，这样的工作效率实在令人难以忍受，很多老师因此感到工作失去了方向感，一片茫然。

访谈中，外籍教师对于"您能及时得到学校考核结果的反馈吗？您认为目前学校实行的评价制度对您的教学活动有促进吗？"这类问题，一位德国外籍教师的回答是："我来这个学校已经工作半年多了，学院也曾对我进行了考评，但至今我没有收到过学校的教学反馈信息。所以，我不知道我的教学是否令校方和学生满意，我认为如果学校能及时反馈信息，对我的教学会起到促进作用。另外，我想考核评价结果不能及时反馈，不仅对我有影响，而且也会使部分外国同事感到焦虑不安，给他们带来压力。"（W201415）

---

① 史万兵、李广海：《基于工作压力理论的高校外籍教师考评制度评析》，《国家教育行政学院学报》2015年第4期。

考核评估结果与高校外籍教师的薪酬结合不密切，不利于激发高校外籍教师的工作积极性。对于外籍教师薪酬的发放，多数高校是按照他们来华之前的学历和职称来制定薪酬标准的，很少与实际的考核评估结果进行联系，这样就形成无论奉献大小、教课效果好坏，所得报酬都一样的现状，这与国外高校薪酬发放标准有很大不同。因此，大部分的外籍教师对此颇为不满，认为学校的奖金应与考核关联起来，可见大部分外籍教师都希望自己的劳动成果能在薪酬上得到认可。

据了解，对于考核制度中考评结果不理想的教师，一般高校的做法是予以解聘。

在谈到考核结果处理方面的问题时，一位外籍教师对于考评结果及处理意见发表了如下看法："我想学校应该非常负责任地去对待外籍教师的考核评价工作，这是对劳动成果的尊重，也是公平的体现。但是目前我感觉学校制定的外籍教师教育教学工作考核评价制度不是太完善，学校应该帮助那些在评估中得分较低的老师，指出他们在工作中存在的缺点，并给予他们半个学期的改进时间。如果到时候他们还是不能达到预期要求，学校可以解聘他们，而不是像现在一样，发现一点问题就解聘，这会给外籍教师们带来巨大的压力。"（W201422）

该外籍教师所提出的意见确实有一些道理，对于大部分新聘的外籍教师来说，他们对中国学生的学习习惯、学习特点都不熟悉，应采取怎样的教学方法，在短时间内都难以做出准确的把握，暂时存在教学效果不理想的情况是很正常的。因此，学院应在将考评结果及时反馈给外籍教师的前提下，对他们加以一定的指导，引导他们尽快适应中国的教学特点，给他们进行改进提高的机会，这样才会减轻他们的压力。

二 高校外籍教师职业发展机会的供给产生的影响

根据前文对外籍教师工作压力源维度上的统计，职业发展维度给外籍教师带来的总体压力不大，这个压力源在七个压力源种类中分值排在第6位，但从标准差来看，职业发展压力源维度的个体差异还是很大的。个体差异的形成主要取决于外籍教师个体对职业发展的需求与高校提供的职业发展机会之间的矛盾。外籍教师来中国任教的动机不同，他们对职业发展的期望也随之不同，有的外籍教师来中国任教是为了锻炼自己的教学能力，有的是为了学好汉语，有的是为了增加自己的阅历，有的是抱着来中国旅游一次的目的，有的是对中国文化感兴趣，有的是为了赚钱和就业，有的是想在中国长期任教，帮助中国学生学习前沿性知识或学好外语等。抱有长期留在中国任教、不断提升教学效果的外籍教师为数不多，但这部分人对自己的职业发展具有强烈的要求，他们也希望像中国教师那样评职称、参加学术研讨会、担任行政职务或社会职务。

在对高校外籍教师访谈中，一位俄罗斯外籍教师就抱怨："当初我来中国应聘俄语教师时，在国内已经取得讲师的职称，来到中国之后，我也十分关心自己职称的晋升问题，曾经找过学校领导，但领导告诉我，中国现在还没有出台外籍教师评职称的政策，让我先等一等吧。可是我都在这个学校工作7年了，还是没有出台政策，我还是个讲师，一想到有一天我回国后，当年那些一起晋升讲师职称的同事现在都已被聘为副教授，我的心里感到很不舒服。另外，我在中国也没有参与学校决策的机会，也没被派出去参加过学术研讨会，感到自己就是个教学机器，不知道什么时候能够获得跟中国教师一样的权利呢？"（W201513）

但大多数抱有其他动机的外籍教师并不是很关注自身的职业发展，他们都不想在中国长期发展，只是想体验一段时间就回国发展，因此他们对自身职业发展的要求不强烈。

中国长期以来对外籍教师实施二元管理体制，没有把外籍教师纳入本土教师群体进行统一管理，而是对外籍教师实行单独系列的管理，按照国家外国专家局——省级外国专家局——高校外事处（部）这样的层次从上到下进行归口管理，在这样的二元管理体制下，各种配套政策很难像本土教师管理那样完善。[①] 另外，在中国引进国外智力的初期，主要引进的是专家型人才，这些专家在本国已经具有很高的职称和职务，他们对自身的职业发展几乎没有诉求，加之外籍教师在中国高校教师队伍中总体上是非常小的一部分，并没有引起各级领导对外籍个人教师职业

---

① 刘丽：《广西高校外籍教师管理优化研究》，硕士学位论文，广西大学，2012年，第20页。

发展的重视，因此，多年来中国并没有出台有关高校外籍教师职称评审、职务晋升、学术研讨等方面的规定。2008 年，中国出台了《海外高层次人才千人计划》，① 可以看作是中国为高校外籍教师职业发展做出的首次举措，但是，高层次外籍教师毕竟占据的比例太小，对于占绝大多数的从事语言教学和专业课教学的外籍教师，自身职业发展得不到满足，会导致他们的情绪低落，压力增大。这也是统计结果中，职业发展压力源个体差异明显的根源所在。

三 高校外籍教师跨文化交流活动的开展产生的影响

高校外籍教师与中国本土教师压力来源的最大区别在于跨文化适应，无论在教学方面，还是在人际关系方面的压力，主要是文化适应问题所造成的。这一点从第四章的统计数据就能体现出来，跨文化教学和跨文化人际关系的均值排在七个工作压力源的前列。跨文化适应问题，不仅在于是否进行职前培训这一种解决途径，还需要依靠平时组织的跨文化交流活动来帮助外籍教师尽快适应。跨文化管理是通过"管"来理顺人与人之间关系的管理。从受访的 20 所高校提供的《外籍教师管理制度》中可以发现，对外籍教师的聘请管理和教学管理方面写得较为详细，这表明学校对外籍教师的聘请和教学方面很重视，可在开展交流活动解决外籍教师跨文化适应等方面，几乎很少有学校提及。

在访谈中，有一个针对外籍教师的问题是："您来校任教后，都参加过学校或学院组织的哪些会议或文体活动？"一位法国籍教师的回答是："我在这个学校任教 5 年了，参加的会议和活动都很有限，主要是每年外事部门组织的两次会议，告诉我们应该遵守的法律、法规以及注意安全防护等内容。外事部门每年的圣诞节和新年都会举行 party，这是我最快乐的时光之一。中国教师参加的学校大会、开学典礼、学院教学会议等活动都没有人要求我们参加，我们跟中国的同事接触很少。学校组织的足球赛、篮球赛、唱歌大赛等活动基本没邀请我参加过，但我有一个在

---

① 中央组织部：《引进海外高层次人才暂行办法 [EB/OL]》（http：//rsc.shiep.edu.cn/f6/24/c1707a63012/page.htm）。

中国其他高校任教的朋友,他就经常被所在学院邀请参加文体娱乐活动,我非常羡慕他,我也很希望我的学校能邀请我参加一些会议,把我的教学经验与中国同事分享。我也是个很热爱体育运动的人,如果让我参加比赛的话,肯定能夺得好的名次,可惜没有人给我创造这样的机会,很是遗憾。"(W201528)

基于以上分析,学校应该建立外籍教师参加各类会议和文体活动的机制,帮助外籍教师尽快融入整个教师群体,从而能减轻他们跨文化适应的压力,使外籍教师有归属感,激发他们的潜能,提高聘用效益。

四 高校员工心理援助计划的实施产生的影响

无论是中国教师还是外籍教师,工作压力源是绝对存在的,每个人每天都会有为之焦虑或为之不满的事情发生,当教师个体感受到工作压力时,除了他们进行自身调整外,组织也应该建立一种机制帮助员工调节他们的工作压力,这也是高校人力资源管理的重要内容之一。国外很多高校在借鉴企业员工帮助计划的基础上,实施了教师心理援助计划。员工帮助计划(Employee Assistance Program)(简称 EAP)最初是企业为了保障员工的心理健康,提高企业管理效能而发起的一项培训活动。它既为组织管理服务,同时也属于为员工的心理健康而设计的一套系统的、长期的福利与支持项目。[①] 它的活动步骤是这样的:组织聘请专业人员对组织进行诊断,发现威胁组织成员身心健康的潜在因素,依据以上问题对员工及其家庭成员进行专业心理辅导,定期进行培训和随时的免费咨询,能够帮助员工本人及其家庭成员解决各种行为和心理问题,从而提高员工的工作绩效。EAP 的内容包罗万象,主要有职业心理健康、职业生涯发展、员工的压力管理、突发性事件、裁员心理危机、健康生活方式、情感问题、家庭问题、法律纠纷、理财问题等方面,是全面帮助员工解决身心问题的一个活动。[②]

受访的 20 所高校中,实施教师心理援助计划的高校少之又少,只有

[①] 王天雪:《关于开展 EAP 服务提高高校竞争力的思考》,《商业经济》2010 年第 10 期。
[②] 贺靖雯、陈子林:《EAP 的发展趋势及其应用》,《企业改革与管理》2005 年第 3 期。

2 所，而且主要是针对中国本土教师进行的。设有心理咨询室的高校有 14 所，达到了 70% 以上，很多外籍教师非常注重自己的心理健康，尤其注重解决跨文化适应带来的困惑，他们需要经常得到专业人士的心理疏导，这样有利于化解他们的及时性压力。然而，高校没有对这方面工作给予重视，基本上没有实施员工心理援助计划，不利于外籍教师工作压力的应对。

五 高校外籍教师管理人员的理念和素质产生的影响

高校外籍教师管理除了制定完善的制度，最关键的要素在于管理人员。因为所有的管理制度落实、管理活动的开展都要由管理人员来实施。外籍教师的管理与其他人员的管理有着很大的区别，一是涉及国家形象，甚至可以上升到政治高度；二是涉及文化和语言的差异。因此，外籍教师管理人员不仅要具备优秀的政治素质、敏锐的判断能力，还必须具备多方面的文化知识和良好的语言表达能力以及沟通能力。[1] 有一位外籍教师管理人员讲的故事颇能说明中外文化差异：一位英国籍教师来校报到时，学校派这名管理人员去机场迎接，当管理人员看到这名外籍教师带着两个大包裹从机场出来时，热情地上前去帮助拿包裹，结果被外籍教师拒绝了，当时管理人员很是不解，原来，对于很多西方男性，只要是自己能够应付的事，一般是不会让别人来帮忙的，如果别人来帮忙，他会认为别人把他当成弱者，这个故事很能反映中外文化的差异是多么巨大。在第四章的实证调查统计结果中，跨文化人际关系排在外籍教师工作压力主要来源的第三位，足见跨文化管理的重要性。笔者在对高校外籍教师的访谈中了解到，部分外籍教师对所在高校的服务与管理人员的素质提出了要求，他们希望服务与管理人员能在工作中做得更细、更好些，处理事情不要情绪化。在对外事管理人员的访谈中，有的人员反映，有的同事行政思维较强，自然地将中国科层管理的思想用在外籍教师管理上，喜欢像对待中国教师那样发通知，派任务，这种管理观念很容易

---

[1] 刘丽：《广西高校外籍教师管理优化研究》，硕士学位论文，广西大学，2012 年，第 23 页。

引起外籍教师的反感，造成人际关系紧张，为外籍教师带来了工作压力。从外事管理人员问卷的统计数据上，也能反映出中国高校外事管理人员的构成及素质等情况，具体统计结果如表5—3：

表5—3　　　　　　　高校外事部门管理人员基本情况统计

平均年龄岁	学校数量及百分比（所/%）	高校外事人员学历情况	人数及百分比（人/%）	从事外事工作年限	人数及百分比（人/%）	所学专业	人数及百分比（人/%）
30—35	18/60	博士	2/1.3	2年以内	44/29	外语	121/81
36—40	8/30	硕士	102/67	3—5年	58/38	文学	19/12
41—50	3/10	学士	30/20	6—10年	30/20	理学	4/2.6
50以上	0	其他	16/11.4	10年以上	18/12	工科	6/4

从上表可知，在受访的20所高校中，共有外事管理人员150人，平均年龄在35岁以下的高校占了50%以上，可见外事管理人员有年轻化趋势。从从事外事管理工作的年限来看，2年以内的接近30%；综合平均年龄、学历、专业、从业年限这四项数据来看，可以看出中国高校的外事管理队伍具有年轻化、学历高、专业构成单一和管理经验不足的特点。外事管理队伍的年轻人员，很多都是刚刚毕业的研究生，他们富有朝气，很热情，但是也有生活经验不丰富、想法简单、服务不细致、做事情绪化等缺点，这些缺点往往会成为与外籍教师形成融洽关系的障碍，造成外籍教师的不满。具有研究生学历的人员很多，这是外事管理队伍高素质的表现之一，但是大部分人员都是外语专业毕业，这样的队伍构成又显得不够合理，外事管理人员不仅需要能够从语言上与外籍教师进行无障碍沟通，还需要具有很多其他专业知识，比如中国地理、历史知识、计算机技能，这些素质和能力有助于为外籍教师提供优质的服务。从业年限的统计数据则说明，外事管理人员的流动性很大，长期从事外事管理的人员不多，这就说明高校外事管理队伍的工作经验还很欠缺，很多管理人员缺乏在异文化发生冲突的情况下妥善处理问题的能力，以及与

外籍教师融洽相处的经验。高校外籍教师只身来到中国任教的居多，他们远离自己的亲人和故乡，身处在不同的社会文化之中，陌生的工作和生活环境都会给他们带来工作压力。在这时，学校外事部门和管理人员应该及时、主动地帮助他们适应这种异域文化，尽快消除他们的跨文化适应压力，帮助他们解决实际困难和问题，使他们能够全身心地投入到工作中去。因此，高校应该通过培训等途径不断提升外籍教师管理人员的业务能力和业务水平，让他们成为高校外籍教师工作压力调适的有力助手。

第五节　高校外籍教师后勤管理诱因

一　高校外籍教师后勤管理制度带来的影响

从对高校外籍教师管理人员的访谈中了解到，80%以上的高校后勤管理制度中没有写入涉及外籍教师后勤管理的条款，制度的缺失会导致后勤部门对外籍教师的管理重视程度不够，或者在管理中往往根据部门领导的好恶进行随机性管理。外籍教师，尤其是来自发达国家的外籍教师，他们的法律意识、规则意识非常强，当自身权益受到侵犯时，他们会立刻从法律、制度、规则方面寻找原因，而中国高校管理制度的不健全往往成为他们诟病的缘由。

沈阳S高校的外籍教师的寝室遭到了盗窃，小偷盗走手机一部，电脑一台，外籍教师立刻报警，校园保安人员来到后发现，由于寝室楼门前没有安装摄像头，也没有其他安保措施，所以没能破案。外籍教师们对此事非常不满，认为学校对外籍教师的安全保卫工作做得不到位，没有安全保障制度和具体措施，令人不可思议。事后，后勤部门开始对此事重视起来，为外教的生活区安置了摄像头，安排了门卫专门负责进出人员的检查（G201415）。

二　高校后勤工作人员的素质和服务意识带来的影响

大多数高校里，后勤人员的构成比较复杂，有后勤处的领导以及办公室人员，还有很多做具体技术工作的职工，这些职工有的具有高学历，但大多数是学历不高、略懂一些技术知识的工作人员。可能因为外籍教师在学校里所占比例极小，学校对后勤人员很少进行与外国人打交道注意事项方面的培训，很多后勤人员对外事工作了解不多，只有当外籍教师的寝室需要进行水、电、暖等设备维修时，他们才会与外籍教师直接接触，这时能用外语与外教直接交流的后勤人员就显得十分重要。然而实际情况是，多数高校的外籍教师需要先与外事部门的人进行沟通，然后由外事处的相关人员与后勤部门的人员沟通，信息经过几次传递后，往往发生失真现象。[①] 有很多外籍教师都会用汉语进行简单的交流，所以后勤人员与外籍教师有时会有简单的对话，但在谈话过程中有些后勤人员不够尊重外国人的风俗习惯，比如，总会问外教工资收入是多少，家庭情况怎样等问题，使外教很不高兴，还有的后勤人员不注意谈话内容的保密性，会在不经意间与外教谈起国家的政治问题。

大多数外籍教师都比较注重效率问题，而有些后勤人员的工作效率和服务意识往往引起他们的不满。

一名外教向我们抱怨道："有一次，我住的公寓水管漏水，我拨打了后勤维修部门的电话，打了好几次也没人接听，后来终于有人接听了，告诉我半个小时后就来维修，结果我在寝室等了好几个小时也没人来维修。最后我找到了外事部门的人，在他们的催促下，总算来人把问题解决了。我感觉这样的服务很差，在我以前工作的单位里，后勤维修人员过一段时间就来我们的住所检查一遍各种设施的运行情况，很少发生漏水、电源故障等情况，一旦出现这些情况，会立刻有人来进行维修，服务质量非常好。"（W201420）

以上案例虽然是一些生活上的小事，这些事对我们本土教师来说可能已经习以为常，或者不会引起很大的心理波动，但对于来自异域的外籍教师来说，后勤人员的素质以及服务意识与他们以前的生活环境有很大差异，会让他们感到不适应，这种不适应往往会引发其不满情绪，从

[①] 段灵华：《中国外籍教师跨文化适应的探索研究》，硕士学位论文，杭州师范大学，2011年，第33页。

而产生压力，影响他们的工作热情。所以，学校对普通后勤工作者也应该进行培训，提高他们与外籍教师交流的能力，培养他们的国际交往意识，更重要的是培养他们的服务意识，及时解决外籍教师的衣食住行问题，使外教们能够全身心地投入到工作中去。

第 六 章

高校外籍教师工作压力管理对策及其组织管理模型的构建

实证调研表明，高校内部管理不仅是高校外籍教师工作压力的主要来源，同时也会影响高校外籍教师工作压力的水平和性质。因此，调适高校外籍教师的工作压力，应该从高校的内部管理改革入手，通过调节和改善高校的内部管理最大限度地将外籍教师的工作压力调适到最佳水平。前文已经对高校内部管理与外籍教师工作压力之间的关系进行分析，在此基础上，本章将从聘任管理、教学管理、科研管理、人事管理、后勤管理五个方面提出相应的建议，并建构高校外籍教师工作压力组织管理的模型，以直观的形式呈现外籍教师工作压力管理框架，力图为高校管理者和工作压力研究者提供借鉴。

第一节 高校外籍教师工作压力管理对策

一 高校外籍教师聘任管理层面的对策

如前所述，按照双因素理论，聘任管理层面的影响因素大多属于保健因素，引起的压力属于消极性的工作压力。高校管理部门通过强化保健性因素，可以减少消极性工作压力的来源，进而减小消极性工作压力。

（一）改变管理理念，重新定位高校外籍教师聘请和管理工作

如果高校把外籍教师的管理和聘请工作简单地作为外国人就业管理的做法或把外籍教师全部等同于外籍专家管理，这样的定位就显得有所

不妥，应当予以纠正。笔者认为，国内高校应该重新定位外籍教师的管理和聘请工作，把它作为外国专家管理中独立的部分来管理，如果符合专家标准，就依据外国专家管理制度进行管理，借鉴外国的就业管理方法，形成具有其自身特点和优势的管理方法来顺应时代和国际形势发展变化。具体改进的做法如下：全方位满足聘请的需求，必要时可以把聘请单位的资格予以取消。根据外国专家局等政府主管部门制定的《学校及其他教育机构聘用外籍专业人员管理办法》《聘请外国文教专家资格认可办法》等相关规定，只有具备聘请外国文教专家资格的学校和教育机构，能够聘请外籍教师。然而，在审批聘请外国文教专家单位资格的过程中，审批级别高（需国家外国专家局审批）、申请条件严格（如社会办学力量需缴纳10万元保证金）、审批周期较长，使得许多急需外籍教师的高校无法在短时间内取得聘请资格，丧失了聘请外籍教师的机会。除此之外，还有先使用后聘请的情况。从聘请实践来看，聘请外国文教专家资格的不需要设立许可；从执行的情况来看，制度的执行效果也不是很理想。事实证明，实行聘请单位资格认可制度必要性不大，不适应当前外国专家管理的实际。因此，近年来，要求相关部门取消这一制度的呼声一直很高。[①]

（二）改革高校外籍教师薪酬政策，提高聘请待遇

根据前文的调查统计，工资待遇低是高校外籍教师的主要压力源之一，而这种工作压力源的存在只能引起外籍教师的不满意，形成一定的压力，从而导致其工作动力不足，工作效果不佳，因此这一压力源引起的压力属于消极性压力，应该尽量消除。

高校应该向上级部门建议对外籍教师的工资制度进行改革，特别是对于本校的外籍教师，高校外事管理部门应该做一个细致的调查，甄别一下他们对工作待遇方面存在的意见，将这些意见进行整理，向上级管理部门汇报，并提出修改《普通外国文教专家及专业人员在华工作工资参考线》的建议。根据中国物价部门的统计，中国的物价水平在近30年

---

① 金一超：《论外籍教师聘请和管理工作的重新定位》，《黑龙江高教研究》2006年第1期。

来呈现不断上升的趋势，尤其是近几年的物价增长速度越来越快，中国大部分高校却还在执行 2010 年国家出台的外籍教师工资标准，4 年多时间过去了，很多物价几乎翻了一倍，这个标准已经不适合当前的物价情况。高校应根据物价的涨幅，在 2010 年工资线标准上，建议每个层次适度调高 500—1000 元，并建议每两年修改一次《普通外国文教专家及专业人员在华工作工资参考线》，以便使工资水平和物价的上涨保持基本的同步。工资是外籍教师收入的主要来源，也是保障他们生存的主要依靠。解决了他们的生存问题，他们感受到的生活压力就会随之变小，才能全身心地投入到工作中去。因此，及时调整国家相关部门出台的工资待遇政策，能够降低外籍教师的工作压力。

高校应该在财力所及的范围内增加外籍教师的津贴和奖金。针对大部分外籍教师因为对工资待遇不满意而引起的消极性工作压力，在现行的国家政策内，在遵循国家制定的外籍专家工资标准参考线前提下，学校可以通过增加校内津贴的方式来提高外籍教师的工资待遇。一是直接体现在岗位津贴上，根据外籍教师的职称、从事本岗位工作的工龄、服务于本校的时间等因素制定不同的津贴标准；二是为了稳定优秀的外籍师资队伍，津贴应与教学质量评估挂钩，根据日常考核、聘任中期考核、聘任期满考核三者的综合得分情况给予分级奖励；三是把外籍教师的津贴、课时量多少与课程类别紧密结合，津贴可以根据任职的年限来定；四是合作办学可以找优秀外籍专家加入，以知识资本为股份，外籍教师也可以一起参与分红等。①

完善社会保险制度，消除后顾之忧。基于前文对高校外籍教师保险政策不完善造成的待遇不足问题，完善当前的外籍教师社会保险制度，是消除外籍教师工作疑虑的有效途径之一。国家应建立统一社保号，细化相关规定。在美国，每一个外国人在获得了工作授权之后即可拥有一个社保号，这方面可以借鉴美国《社会保障法》的做法。美国的限制条件少，在外国人社会保障福利这方面，符合两个条件就可以：第一是该

---

① 张柳娟：《江西高校外籍教师管理研究》，硕士学位论文，南昌大学，2014 年，第 35 页。

外国人具有被保险资格；第二是发生如达到退休年龄、伤残等特定的事件。如此看来，可以分别对外国人参加中国社保资格的条件和享受中国社保资格的条件进行规定。① 按照国家规定，通过合法途径进入中国境内的，并通过就业许可拿到《就业证》的外国人，都具有参加中国社会保险的资格。但享受中国社会保险待遇应满足两个条件：第一，在入境时应有相应的工作授权；第二，在中国"合法居留"，并且缴费达到一定年限才能申请社会保险待遇，即外国人在申请享受社会保险待遇的时候，仍在中国境内"合法居留"，就可以享受到中国的社会保险待遇。但因为外国人存在不能享受就业权的情况，如在其退休、失业甚至发生工伤的时候，所以要想享受社会保险待遇，应该规定每个险种的缴费都要达到一定的年限，只有这样，外国人参加中国社保并享受中国国民的待遇才可以明确。国民待遇是国际法律中关于外国人待遇的一项基本原则，一般情况下，承认外国人在民事上享有与本国人相同的权利和义务，就等同于承认其可以享受与本国人同等的待遇。② 同时，一旦明确了国民待遇的标准，就意味着在社会保险待遇方面外国人并不能享有特权，中国应当在立法中明确国民待遇这项标准作为外国人社会保险制度的一项基本原则。中国目前是一个发展中国家，我们也没有给予外国人高福利的能力。同欧美发达国家规则一样，外国人也应同中国公民一样在生育保险、社会保险享受相同的待遇，因此，应该在后期与其他国家签订的协议中不断完善相关内容。建立外国人社会保险制度目的在于保护外国人的合法权益，但是，解决前文提到的外国人社会保险重复缴费这一问题，依靠外国人社会保险制度不可能从根本上得到解决，通常国家之间会通过协商制定双边协定来解决这一问题，这种举措能够保护本国国民在对方国家工作期间享有的权益。目前，在中国与韩国、德国签订的双边协定中，免除了社会保险费的缴纳义务，这样的协议将会逐步推广开来。中国与韩国签订的双边协定主题内容很简单，直接免除了双方的国民在对

---

① 熊安邦：《在华外国人参加我国社会保险的法律问题》，《劳动保障世界》2013 年第 11 期。
② 丁海燕：《完善外国人在我国参加社会保险法律机制研究》，《甘肃警察职业学院学报》2013 年第 1 期。

方国家的社会保险费缴纳义务。为更好地保护本国国民的利益，双边协定的制定内容应该更加具体化，例如2004年美国与墨西哥签订的一体化协议，协议规定美国公民只有在墨西哥工作5年以上才需向墨西哥缴纳社会保险费。[①] 对于中国一些长期在国外工作的公民来说，免除双方国民社会保险费缴纳义务的同时，也意味着中国公民享受不到社会保险待遇，这会带来弊端。因此，为中国公民利益考虑，建议中国政府针对外国人在中国境外享受社保待遇的条件以及外国人享受中国社保待遇规定的特殊条件，本着"互惠原则"与其他国家签订双边协定，并且协定内容更加详细化、有可操作性。在现实中，很多外国人大多都会在结束工作之后回国，只有在特殊情况下，在中国境外的外国人才能享受中国社会保险待遇。大多数情况下，外国人社会保险制度只会保护那些在中国境内工作的外国人的合法权益。外国人可以在中国境外享受社会保险，美国法律中的一些相关规定值得借鉴，美国为了更好地保障外国人的合法权益以及避免双重缴费，并且同时赋予那些做出贡献的外国人权利，为了使得外国人在美国境内享受其保险和福利，美国建立了一套较完整的体系。在该体系中，满足以下两种情形的外国人就可以在境外享受社会保险待遇：第一种情形是工作达到一定年限（10年或15年）；第二种情形是在国家之间的协定中约定对方国家的公民可在其境内享受美国的社保待遇。对于第一种情形，依据权利与义务相一致的原则，该外国人为美国的经济发展做过多年贡献，可允许其在境外享受社保待遇。第二种情形属于国家通过签订双边协定互惠双方国民的情形，所以也是允许的。

高校外籍教师在中国参加社会保险，对于国家执法机构和立法机关来说仍属于一个崭新的领域。随着《暂行办法》的实施，遇到的问题会越来越多，作为唯一一部外国人在中国参加社会保险的部门规章，无法囊括各类外籍教师参加社会保险的诉求，为填补外国人在中国参加社会保险的立法空白，各地区应当尽快制定地方性法规、规章，为高校外籍

---

① 熊安邦：《在华外国人参加我国社会保险的法律问题》，《劳动保障世界》2013年第11期。

教师在中国参加社会保险提供可操作性的法律依据。

（三）规范高校外籍教师聘请程序，开拓渠道，提高聘请质量

1. 完善聘任程序，认真审查高校外籍教师聘任资格

因为当前外籍教师的聘请渠道不多，高质量的外籍教师资源短缺，导致很多高校退而求其次，降低了聘用标准，甚至还聘请了有严重地方口音的教师、教学能力不强甚至有发音障碍的教师。如此一来，不仅教学质量无从保障，还容易造成教师自身工作压力增大的问题。鉴于此，在外籍教师的聘请方面，高校一定要坚持"以我为主，宁缺毋滥"的原则，严格遵照学校的聘请程序进行。

在实际聘用外籍教师过程中，每所高校都需要制定具体的聘任程序，以此来规范外籍教师的聘请工作。一般来讲，聘请程序应该包含如下五个步骤：

（1）按照法律法规在学校成立专门的外籍教师聘用管理机构，制定聘用管理制度；

（2）学校通过各种途径招聘外籍教师，由专人负责发招聘公告；

（3）学校对应聘对象进行资格审查，实际考核，择优录用；

（4）由学校办理教师的招聘手续，确定教师的聘期，聘任期满后，学校根据考核情况决定进行续聘或解聘；

（5）学校与教师签订聘任合同，发给教师聘任书。[①]

根据国家外国专家管理部门的规定，来任教的外籍教师应具备以下标准：学历必须在本科以上，拥有学士以上学位，精通所教的专业，有两年以上教学经验，还要有 TESL 证书和高度的语言文化修养。对外籍教师的筛选考核，应由外事办和外籍教师聘用工作小组一起进行，只有教师同时符合这两个部门的要求，才能进入下一步聘请程序。外教必须携带个人简历来应聘，简历的内容要涉及学习和工作经历，同时外教还要提供专业资格证书复印件、本人的学位证书及最高学历证书复印件和TESL 证书，此外还要有健康证的复印件，该复印件可以由中国驻外使领

---

① 吴玉新、邵建强、王力：《高校外籍教师聘请与管理存在的问题与对策》，《河北科技师范学院学报》（社会科学版）2005 年第 3 期。

馆认可的、中国政府指定的卫生检疫部门或外国医疗机构出具,还要有护照的复印件和原任职单位的推荐信等相关材料。其实,外籍教师的简历从某种程度上能说明一些问题,外籍教师频繁调动工作,甚至解约离职都能说明该教师的适应能力问题。高校可以通过外事办初审后,交外籍教师使用部门挑选、面试。了解教师的情况则可以通过电话、网上视频、试讲等多种渠道,甚至向外籍教师原任职单位咨询该外教平时的工作表现、能力和态度等信息,也能获得一定的参考和借鉴。同时,在校外籍教师的意见也可以作为参考来进行聘任。此外,要求拟聘请的外籍教师必须持工作签证(Z签)入境,坚决不聘用那些在审核过程中不符合条件的教师。教师入境后,高校应为其办理外国专家证和居留许可证,并由外事办安排其做全面体检,这样的举措,不仅使外籍教师感受到来华工作机会的不易,还在他们心目中提升了中国的国家形象[①]。

2. 对应聘的高校外籍教师进行心理测试,消除个人特质压力源

根据前文的研究,个人因素所带来的工作压力不是很显著,原因在于个人因素中,个人特质是影响工作压力认知和压力应对方式的主要变量,而这个变量很难通过量化方法测量。但个人特质对工作压力的影响是确实存在的,有非常多的研究表明,教师的个性特征与压力感是显著相关的,普遍认为容易产生压力的都是自我效能感比较低、具有悲观主义A型性格的人群,这类人控制感低、坚韧性低。关于教师内在素质与职业压力之间的关系,阿德姆斯用实证的方法进行了专门的研究,其研究发现承受压力比较大的教师往往是那些对待生活和工作满意度低、健康状况不佳的教师,这一类教师职业准备不充分、自尊也很低,属于外控型的教师。[②] 柏耶姆认为制控信念与自尊是教师在相同的压力情境下会有不同反应的内在因素。[③] 还有的研究发现压力与孤独之间是呈明显的正相关的关系,那些习惯对内归因的教师往往对压力的敏感性更大一些。

---

① 熊安邦:《在华外国人参加我国社会保险的法律问题》,《劳动保障世界》2013年第11期。

② E. Adams, "Vocational teacher stress and internal characteristics", *Journal of Vocational and Technical Education*, 1999, No. 1, pp. 7–22.

③ 杨秀玉:《西方教师职业倦怠研究述评》,《外国教育研究》2005年第11期。

苏曼丽在对高校外籍教师工作压力研究中发现，个人特质和外教的工作压力之间都存在着明显的相关性，而且基本上反映出心理素质和身体素质的高低直接影响着个人承受压力的能力，这说明个人特质在外教压力管理的过程中起到了十分重要的作用。①

为了从根本上消除由于个人特质引起的工作压力，管理部门应该从招聘环节入手，在对应聘的外籍教师进行材料审核之后，符合应聘条件的，需要进行最后的心理测试，其目的是通过这样的测试了解其个性特征，对那些具有 A 型性格、坚韧性低、自我效能感低、悲观主义、控制感低等特征的外籍教师采取谨慎聘用的原则。

3. 大力发展中介组织，多方面拓宽高校外籍教师聘请渠道

近年来，中国政府有关部门（如国家外国专家局、国家教育部等）尝试建立官方渠道，与国外政府部门或组织签订协议，高校应尝试通过官方渠道来聘请外籍教师。近年来，社会上的教育机构和学校增加了不少聘请外籍教师的渠道，有的通过国外大学来推荐合适的人选，这些大学往往与国内的大学都有交流。还有的从学友会、同乡会和海外校友推荐人员中物色外籍教师，外籍教师的聘请渠道与外国专家基本相同。还有一些非官方的渠道，由地方和教育机构通过中国驻外使领馆教育处、驻华大使馆或领事馆推荐人选。除此之外，还有多种渠道，如在世界范围内发送招聘启事，充分利用互联网及现代通信手段选聘合格的人才等。总体上看，这些手段存在信息不灵、渠道不畅的弊端，不少院校难以聘请到专业对口的高水平外籍教师，由此出现聘请范围狭窄，聘请数量不足等问题。如此一来，优质的外籍教师数量不足，就增加了某些高校的外籍教师的工作负荷。要想从根本上解决这个问题，保证聘用的效益，高校就必须拓宽聘请渠道，走市场化道路，必要时可以从多方面大力发展中介组织。

一方面，可通过建立外国专家需求信息的渠道（BR ）。外国专家需求信息主要是指一定时期内（一年）国家所需外国专家的数量、

---

① 苏曼丽：《广西高校外籍教师工作压力的实证研究》，硕士学位论文，广西大学，2012年，第 32 页。

专业、业务能力要求等。界定外国专家标准、确定引进外国专家总量的重要前提是全面掌握和了解外国专家需求信息。不能盲目引进,如果盲目引进,会出现高校急需的专家无法找到,引进的专家很可能无用武之地的情况。目前,中国应该要求有关部门重视加强对此项工作的研究,并开拓这一工作领域。另一方面,建立中介机构。在澳大利亚,中介机构在技术移民管理中发挥着十分重要的作用,主要体现在能够为政府提供专业化服务方面,澳大利亚的中介机构主要职责在于,评估认定技术移民的业务技能、海外学历、工作经验,移民部受理的技术移民申请必须通过行业协会的认定。举例来说,一位想以会计师的职业申请技术移民的申请人,必须要向澳大利亚会计师协会提出申请,会计师协会对其进行技能评估,通过后才可以继续向移民部提交技术移民申请。因此,外国人要到澳大利亚做教师,首要步骤是要先向中介机构(经澳大利亚政府认定的)申请技能评估的认定,通过认定后再向移民部申请技术移民。

(四) 建立健全高校外籍教师岗前培训制度

1. 明确高校外籍教师岗前培训的目的

对于外籍教师聘请单位的教学管理工作,其中一项重要的内容是加强外籍教师的岗前培训。外籍教师对中国的学生及教材都不够了解,他们只有语言优势是不够的,上岗之前仍需要对其进行一些理论教育、教学方法和教学手段的培训,帮助其了解民办高校教育教学发展的内涵、特征以及发展规律。另外,由于中外学生在思维方式、知识储备等方面存在着一定的差异,因此,在课程目标、任务、内容和功能上都存在差异,这些都需要外籍教师不断明确,不断提高自身的教学质量和教学能力,在人才观、教学观和质量观上都有所认识和改观。

2. 外事部门设立专门负责高校外籍教师岗前培训的科室

为了使岗前培训正规化和有效化,学校的外事部门应该成立专门负责外籍教师岗前培训的科室,配备专门人员负责与外籍教师沟通、与学校的其他部门沟通。其主要职责是组织外籍教师的培训,设计外籍教师的培训计划、培训内容,联系培训主讲人员,并负责外籍教师的日常咨询工作。科室人员应该由各项素质都比较全面的人才组成,其素质和能力包括具备较高的外语水平，能够跟外籍教师进行流畅的对话；应该具备国外学习经历，只有真正去过国外，才能深入体会和感受到外域文化，才能在外籍教师培训时，明晰外籍教师的文化背景与中国文化差异所在，有针对性的设计培训内容，解答外籍教师在中国的跨文化适应遇到的疑惑；具有深厚的人文学科背景，一个掌握丰富历史、地理知识的人，在跟外籍教师沟通过程中，很容易找到共同的话题；另外，具有国外学习背景，对多数人来说，到过的国家有限，而外籍教师是一个国籍背景复杂的群体，经验的积累凭借实地考察是很难办到的，而通过学习积累的间接经验是可以做到的；最后，负责外籍教师培训的管理人员还要具备良好的沟通能力，因为很多学校的外事部门只是一个行政单位，没有自己的教学实体及相应的培训场所、培训师资，在对外籍教师进行岗前培训前，需要与其他部门联系，租借好培训场所，联系外专局的相关专家、校内具有长期聘任经验的外教等人士为外籍教师做培训。

3. 制定高校外籍教师岗前培训的计划

岗前培训形式多种多样，实践也很灵活，培训内容应该包括如下几方面：（1）学习国家、省和学校关于外籍教师的多种管理规定和制度。（2）帮助外籍教师熟悉教学及生活环境。（3）介绍并研究所用教材，明确教学目标。（4）介绍学校的学生特点及外语水平。（5）组织外籍教师听课学习，丰富教学法。鼓励外籍教师学习和熟练掌握使用教室多媒体的操作技术。（6）对外籍教师教案的写作和第一次备课的过程要进行指导，观摩外籍教师授课，观摩后及时评课。

做好外籍教师的岗前培训工作，会让学校外事工作变得更加制度化、专业化和规范化。外籍教师通过岗前培训，会消除其初到中国的陌生感，会加强双方的信任和尊重，减轻其跨文化适应引起的消极工作压力，有利于后续工作的顺利开展。

二 高校外籍教师教学管理层面的对策

根据赫尔伯格的双因素理论，教学工作属于工作本身的因素，由教学引起的压力源则属于激励因素，即具有促进和提高个人工作积极性的特征。根据工作压力理论，教学工作压力源所带来的压力，既有积极性压力，也会带来消极性压力，所以教学管理引起的压力源，具有两面性，需要采取有针对性的管理策略。

（一）调整教学工作负荷，使高校外籍教师的工作压力保持在适度水平

根据前文的研究，教学工作负荷与总的工作负荷带来的压力水平基本是呈现正相关，即教学工作负荷越大，工作负荷总体压力水平越高。根据工作压力与工作绩效的关系理论，工作压力过小，不利于个人工作积极性的调动，工作压力过大，可能会抑制工作积极性的唤起，工作压力适度是个人工作积极性最高的水平。根据这一原理，使教学工作负荷保持在一个相对适度的水平，是教学管理追求的最理想状态。对于教学型的外教，最主要的教学负荷来自课时量，一般我们习惯用周课时来做度量单位。因此，制定合适的周课时量是调节教学工作负荷的第一个对策。

根据外籍教师的问卷统计和外事管理人员的问卷结果，在受访者中每周课时量最多的达到了 36 课时，最少的为 10 课时，根据中国教师的课时量分配，多年经验表明，高校教师的周课时量在 12—16 课时较为合理，周课时量低于 12 课时，教学压力相对较小，时间久了容易产生倦怠感，失去动力，高于 16 课时容易让教师感到疲倦，因为课时量与备课时间往往是成正比的，课时量的增多意味着备课劳动强度的加大。

基于以上分析，对于周课时量超过 16 课时的外籍教师，学校要想办法降低他们的课时量，一是在招聘外籍教师的环节，提前做好招聘准备，广开招聘渠道，以便招聘到足够数量的优质外籍教师，避免因外籍教师数量不足导致教学工作量加重的现象；二是避免有的外籍教师为赚取更多的讲课费，而要求多上课的现象。有的外籍教师抱着来中国赚大钱的目的，争取更多的上课机会，多挣课时费用，无论他们的动机是为了经济收入，还是为了积累更多的教学经验，在外籍教师数量能够满足的情况下，不能同意这类外籍教师的要求，要以教学质量的提高为准则，把周课时工作量控制在合理范围内。对于那些课时量虽然在合理范围内，但跨年级教学的外籍教师，他们需要在备课时付出更多的劳动，因此，可以通过减少他们周课时量的办法，减轻他们的教学负担。对于课时量低于 12 课时的外籍教师，如果是因为学校外籍教师数量过于充足而引起

的课时量低，需要在招聘环节上控制引入外籍教师的数量；如果是因为他们兼有其他科研或行政职务，或者是跨年级教学，则属于正常的工作量范畴，不需调节；如果是不涉及以上因素，可以通过增加他们参与或组织课外活动的方式增加其教学负荷，从而增强其工作负荷压力，提升其工作积极性，进而提高其工作效率。

（二）完善教学监管体系，促进高校外籍教师积极性工作压力的产生

对于教学监控体系的制定，首先，要细化外籍教师聘请合同的内容，明确双方的责任、权利和义务，比如，在合同中写明有关教学方面的内容；其次，建立系统的教学考核制度、听课制度、备课检查制度、学生问卷测评制度、教学业绩评估制度以及奖惩和淘汰等制度；最后，公平对待监控、测评、考核的过程和结果，并把结果反馈给外籍教师本人，外籍教师通过结果及时总结和反思，以提高教学质量。①

1. 明晰高校外籍教师聘请部门与使用部门的权责，消除管理"真空"

根据前文的分析，各高校外籍教师的教学管理均有所不同，有的是将外籍教师的教学管理纳入整个学校的教学管理中，统一归学校教务部门管理。而多数高校的外籍教师教学管理均由使用单位（二级学院）安排，但是，由于学校对这两个部门没有进行明确分工，外籍教师的使用单位觉得缺乏外籍教师的管理权限，对外籍教师解聘、惩罚等事项需要向外事管理部门汇报，由外事部门决策，只要外籍教师表现尚可就行，对他们的期望较低，无形中降低了对外籍教师的约束，造成部分外籍教师处于压力较小的环境，不利于他们教学质量的提高。鉴于此，在高校制定的外籍教师管理制度中，应把聘请部门和使用部门在外籍教师教学管理方面的权责分清。

在教学管理方面，管理权主要由使用单位（一般为二级学院）实施，包括指导和监督外籍教师的教学方法、教学态度、教学安排等方面，组织外国同事、中国同事、教学督导人员对外籍教师进行教学评估，对外籍教师的教学情况进行总体评价后，写出处理意见，将评价结果和处理

---

① 史万兵、李广海：《基于工作压力理论的高校外籍教师考评制度评析》，《国家教育行政学院学报》2015年第4期。

意见交给外事部门,外事部门经过核准后,依据相关规定进行处理,并依此进行奖惩、续聘、解聘等。

2. 制定高校外籍教师教学管理制度,加强对高校外籍教师的约束

制度经济学理论认为,制度作为一项人为制定的规则抑制着人际交往中可能出现的任意行为和机会主义行为。制度总是依靠某种惩罚而得以贯彻并且为一个共同体所共有。如此看来,没有惩罚的制度是无用的。个人的行为要想变得可预见,唯有运用惩罚。一定程度的秩序是由带有惩罚的规则创立起来的,制度某种程度上将人类的行为导入可合理预期的轨道。制度的效能隐含着某种对违规的惩罚。对于外籍教师的教学管理,需要有制度来进行约束,从而形成一定的压力,这种压力在适度的情况下会唤起外籍教师的工作积极性,从而提高教学效果、效益。

第一,通过制度的建立,明确外籍教师职责,提出教学目标。由于中外教学方法的差异,教学大纲也有所不同,外教到校后,相关人员要向他们详细介绍学校概况。在不能当面沟通的情况下,学院的教务管理人员要通过邮件等形式,在外教来华前向其介绍学校的基本情况和教学特色、学生情况,以及教学方法、教学任务、教学目的和教学条件等。学校教务管理人员还应对外籍教师提出"上课前必须备课,未经同意,不得无故缺课、随意调课"的要求。

第二,对于外教的教学情况定期进行检查并进行针对性指导,从而全面掌握和了解外籍教师的教学进度和教学质量。检查形式可以是组织有经验的教学督导人员听课,组织外籍教师的中国同事、外国同事听课,对他们的优点进行肯定,对他们的缺点进行认真指导;还可以为每个外籍教师配备中方合作教师,检查外籍教师的工作情况,并要求外籍教师经常跟班听课来激发他们的合作意愿。中方教师要协助外籍教师定期做自我工作总结,自我总结具有帮助外籍教师随时发现、剖析和解决教学问题的作用。另外,可以通过学生来监督外籍教师的教学情况,这样能够充分调动学生的主动性和责任感。另外,学生的意见和建议都很重要,因此要通过调查表和座谈会等收集学生的反馈信息,然后将其反馈给外

籍教师。[①] 此外，应召开外教和学生座谈会，使学生和外教相互了解、协调一致。外教对学生的意见和要求要及时了解沟通，学校对那些教学效果好的外籍教师要及时地提出表扬和奖励。

第三，建立外籍教师教学评估制度。外事管理的重要内容是对外籍教师进行教学评估，评估也是检查聘用效益的关键环节。教学评估旨在调动外籍教师的工作积极性，促进教学管理，保证教学质量，提高聘用效益。部分学校和某些教育机构对外籍教师的评估手段单一、评估工作尚未形成一套完整的制度，对外教的课堂教学态度、能力、教学准备情况、效果以及学生反映并未予以足够的重视，反而比较注重外教是否按时完成教学时数。评估的具体内容主要包括：是否有一个成熟的教学计划，教学内容和教学进度是否在按照教学计划认真执行；教学方法的多样性和灵活性也要评估。为了让教学更加直观形象，可以多支持鼓励外教使用信息化教学手段。

第四，制定学生教学评价表，定期找学生填写，进行统计，发现教学中存在的问题，了解外籍教师与学生进行交流时是否有耐心，是否能做到诲人不倦，上课时是否认真负责，并将其评价结果及时反馈给外籍教师。

（三）建立教学研讨机制，加快高校外籍教师的教学适应速度

消除跨文化适应对高校外籍教师造成的不利影响，除进行岗前培训之外，还应该在教学过程中，为外籍教师创造经验交流的途径和机制，尽快消除跨文化适应给他们带来的教学困惑。

第一，邀请外籍教师定期参加二级学院组织的教学科研活动，与中国同事和外国同事一起讨论教学中存在的问题。中外教师在外语教学上风采各异，外籍教师可以很好地调动学生的积极性，通过风趣、活泼的教学气氛培养学生的能力；中方教师教学严谨规范，通过目的明确和严谨的教学安排，可以做到主次分明，达到很好的教学效果。故而中外教师可以一起备课、写教案，也可以共同到课堂授课。学校方面应

---

① 史万兵、李广海：《基于工作压力理论的高校外籍教师考评制度评析》，《国家教育行政学院学报》2015年第4期。

根据外籍教师专长组织学术讲座等教学科研活动，邀请外籍教师定期举行教学研讨活动，这些活动能够帮助中外教师取长补短、共同进步，如此一来既可以加快外籍教师的教学的适应性，也可以提升中国教师的能力。

第二，建立信息反馈机制，及时了解外籍教师的教学困惑。了解中国也是外籍教师来华的目的之一，针对这一心理要求，应为外籍教师配备合作教师，一方面，双方能从彼此的教学方法中吸取有益经验，各取所长。另一方面，能促进外籍教师对中国风土人情和历史概况的学习，尽快适应中国教学模式。通过对中国风土人情和历史情况的了解，外籍教师对中国的教学更加熟知，对教学的特点也更加了解，有利于双方在教学和生活方面进行沟通。同时，有利于本土教师及时了解外籍教师的工作压力情况，便于学校了解外籍教师的心理变化，调动其积极性。

（四）改善教学环境，减少高校外籍教师消极工作压力的产生

在对外籍教师的访谈中，部分外籍教师对教学条件的不完善表达了不满，这种不满也会影响他们的工作情绪，继而产生消极工作压力。因而，创造良好的教学条件，也是减少外籍教师产生消极工作压力的途径之一。

第一，班级的规模要控制在合理范围。多数来自发达国家的外籍教师认为中国高校的班级人数太多，不利于师生之间、生生之间的互动，鉴于此，教学管理部门可以跟外籍教师商定，将学生进行重新分班，将班级规模控制在合适的程度。

第二，教学设施需要改善。大多数外籍教师喜欢使用现代化设备进行授课，很多高校提供的多媒体教室，往往仅限于播放幻灯片，满足不了他们的要求，学校在有能力的情况下，应该改善这些教学设备，尽量做到与国际接轨。

第三，提供合适的教材。访谈中，部分外籍教师抱怨难以找到适合自己授课的教材。针对这种情况，学校相关部门在聘请外教的初期，就应该对使用哪种教材进行沟通。经过与外籍教师沟通后，决定是组织校内教师自编教材，还是在国外或国内购买教材。

三 高校外籍教师科研管理层面的对策

（一）完善高校外籍教师的科研管理制度

根据调查结果统计，中国的高校外籍教师队伍中，科研岗位的外教所占比例较小，因此，多数高校并未建立外籍教师科研管理制度。随着中国外籍教师聘请的转型，科研岗位的教师所占比例会不断升高，只靠合同对他们进行科研管理，显然不够，应该从学校层面建立外籍教师的科研管理制度。制定外籍教师科研管理制度，主要由学校的科研管理部门主导，外事管理部门协同，在对科研型外籍教师进行大量调查的基础上，到兄弟院校考察学习，最后组成以科研部门人员、外事部门人员、科研岗位的外籍教师代表、校内教育管理领域的学者为主要成员的科研管理制度制定小组。科研管理制度的内容主要包括：在与外籍教师签订聘请合同之前，就向外籍教师说明科研目标和科研任务，避免因为权责不清而发生矛盾；科研经费的投入和使用，外籍教师在申请科研经费时，应该有一个非常详细的经费预算，经过学校相关部门的审核后才能拨付，在科研经费的使用上应该进行详细的审计；科研设备的使用和维护，应该规定外籍教师如何使用学校提供的科研设备，不能随意带走和借出，也不能用于科研任务之外的科研项目，并对故意人为破坏科研设备的情况提出惩罚措施；建立科学的科研评估机制，将评估结果及时反馈给外籍教师，让他们能够参照评估结果在工作中扬长避短，合理设计评估指标，既不能完全实行量化考核，也不能单纯进行质性评价，应该将量化考核和质性评价结合起来，既要避免使外籍教师的科研压力过大，也要进行一定程度的规制，使他们感受到一定程度的科研压力。

（二）合理分配科研工作量，调控高校外籍教师的科研工作负荷

尽管由工作负荷引起的压力主要来源于教学工作负荷，这是由中国外籍教师队伍的构成决定的。外籍教师大部分都在语言教学岗位，但这决不能掩盖科研工作负荷带来的影响，外籍教师的科研工作负荷主要来自他们的科研任务的难度、数量和完成周期等方面。由于中国的科研管理多年来存在重数量轻质量的现象，在对外籍教师科研管理上也会受此

观念的影响，往往在聘请合同上规定，每个聘期应该完成多少项科研项目、发表多少篇高质量论文等。这种罔顾科研项目难度、科研项目质量的规定通常会增大外籍教师的科研负担，使他们产生较大的压力，影响科研绩效的提高。针对这种情况，科研管理部门应该对科研项目进行深入了解和分析，根据完成每项科研项目需要付出的劳动量来分配科研任务，这样有利于平衡外籍教师的科研工作负荷，使科研压力保持在适度水平。当然，经过认真评估后，发现有些外籍教师的科研工作量不足，则应该通过主持学术讲座、参加学术交流等活动加大其科研工作负荷，适度增加科研工作压力，以便唤起他们的工作积极性。

（三）改善科研条件，消除高校外籍教师消极工作压力来源

根据访谈和调查，发现中国高校科研岗位上的外籍教师多数来自发达国家，他们在来中国之前，所处的科研环境十分优越，来中国高校从事科研工作之后，很多外籍教师对高校的科研条件不够满意。学校应该定期组织外籍教师进行讨论，让他们提出改善科研条件的建议，将这些建议进行整理和汇总，经过学校领导班子决策，对科研环境进行改善。应在以下几个方面做出调整：第一，在学校办学经费允许的条件下，增大对科研工作的资金投入。没有强大的资金支持，科学研究就会难以为继。第二，添置先进的实验设备或建立世界顶级实验室。对于理工类学科而言，没有先进的实验设备和实验室，很难创造出专利性的科研成果，因此，加大力度改善实验设备和实验场所十分必要。第三，完善办公设备，营造舒适的办公环境。为外籍专家创设良好的科研环境，使他们减少对科研条件不足的忧虑，能够把精力全身心地投入到科研工作中去，继而会提高科研绩效和聘用效益。

四 高校外籍教师人事管理层面的对策

（一）健全外事管理系统，提升服务水平

1. 完善外事管理机构，健全高校外籍教师的管理制度

高校外籍教师的管理工作有较强的政策性和系统性，提高外籍教师的效益是这项工作的重要目的，因此各部门必须加强合作。除此之外，

还需有完备的管理机构。①

应该使这项工作的内部组织系统化，成立领导小组，包括负责外事事务的校长，学校教学、科研等部门，还应包括外事、财务、后勤和保卫等部门。这些部门一起协作，制定聘请方面的计划、做好教学和科研管理工作。另外，对于立项审批、效益评估、资金管理、后勤保障等方面的工作也应该认真负责，落实到位。

提高高校外事部门教职员工的素质，他们不仅要熟知国家和本校对外籍教师聘用方面的规章制度和相关政策，还应了解涉外法律法规和常识性外交礼仪。鉴于这项工作的重要性和繁琐性，学校应该对外事部门的工作人员进行培训，强化他们的服务意识和责任意识，将他们培养成思维敏捷、政治素质过硬、具有较好的书面表达能力和中英文口头表达能力的优秀人才。②对于那些尚未建立外事机构的高校，要求必须配备专职的外事工作人员，并对外事工作给予充分的重视和认可。

合作教师的选择对于外籍教师的跨文化适应具有重要作用。因此，在考虑为外籍教师配备合作教师之前，应该规定好合作教师的相关职责。例如，合作教师必须了解学校的概况，包括授课对象、教学内容、教材的配备以及授课方式等，能够协助外籍教师了解中国的教育现状，帮助外籍教师尽快进入角色；合作教师应掌握外籍教师的思想动态，关心外籍教师的身体状况和生活状况，及时解决教学中出现的问题并且监督外籍教师的教学工作。为了储备教学改革的资料，合作教师可以在平时记录外籍教师与中国师生的沟通交流情况，并跟踪外籍教师的教学工作。

健全高校外事管理制度。外事管理制度不应该只包括提出的"外籍教师科研管理制度""外籍教师教学管理制度"和"外籍教师考核评估制度"等"对外制度"，还应该建立"合作教师岗位职责""外事工作人员岗位职责""外事工作人员评估与奖惩办法"等"对内制度"，以便规范外事管理行为，提升外事管理人员的素质。

---

① 何剑刚：《对如何提高外教管理工作效率的探索与思考》，《黑龙江教育学院学报》2007年第7期。

② 张丽莎：《金融危机背景下企业员工关系管理研究》，硕士学位论文，重庆大学，2010年，第11页。

2. 树立"以人为本"的管理理念，帮助高校外籍教师尽快适应新环境

"以人为本"概念提出的哲学基础是基于怀特海机体哲学，将人作为主体与客体的统一，以人的自我发展为最终目的，最初是基于教育理论提出的。以人为本被引入公共管理理论之后，其含义主要表达为：管理的哲学理念不再是以物为本，而是应该关注人的需要，不断满足人的多方面需求，激发人的潜能。现代意义上的以人为本有两方面的含义：第一，人是一切活动的根本出发点和目的，这也是社会的主题。第二，更加强调人的主观能动性，以最大限度地发挥人的积极性和创造性为根本。而以人为本的实质是指人的一切活动的出发点都要以人的生存安全、自尊、发展、享受等需要为前提。[①] 无论是营利性组织还是非营利性组织，"以人为本"的管理理念已经深入人心。高校外籍教师从国外来到中国生活，文化的不同，导致在生活习惯、制度适应、人际交往等多方面的不适应，这种不适应往往会使人产生迷茫和烦恼，继而转化为工作压力，影响他们的工作效果。因此，高校在对外籍教师的管理中，必须贯彻"以人为本"这一理念，最大限度满足外籍教师的合理要求。外事管理人员尽最大努力，提供周到的服务，帮助外籍教师尽快适应中国文化。需要外教管理工作者掌握国家外事管理政策，善于理解外籍教师的个性差异，正确处理、解决各种矛盾和问题，科学有效地做好外教工作，不仅要严格履行合同还要平等待人。外事管理人员要积极创造条件调动他们的工作积极性，重视发挥外教语言方面的优势作用。此外，可以在日常生活上主动与外教交朋友，沟通感情，用诚挚的服务和友好的态度赢得他们的尊重和信任，使外教自身产生积极的责任感，从而为学校的教学发展贡献才智。外事管理人员应不断学习和了解各国的风俗习惯，从而在与外籍教师交往的过程中能够做到尊重他们的生活禁忌，尊重他们的宗教信仰，进行良好的沟通，避免因文化差异产生误会。

---

① 李雪超：《NS公司基于工作压力的员工援助计划（EAP）研究》，硕士学位论文，吉林大学，2009年，第5页。

(二) 完善高校外籍教师考核评价制度，调控考评工作压力源

1. 建立系列化的考评制度，增大高校外籍教师的积极性工作压力

组织行为学认为，制度是规范和约束人与组织的各种行为规则。所有生活在组织中的人都要受组织制度的制约，这些规则和约束的终极目的是要促进组织的发展。但是，由于个体情况的差异，对制度的认知和感受不同，且由于个体能力的限制及其他因素的影响，个体难免会产生一定的压力，从而使个体有不同的行为选择，而这些不同的行为选择最终又会影响到制度的绩效。在高等教育国际化大发展的趋势下，高校管理者应该了解当前大学生对外籍教师教育教学质量的诉求。没有制定外教考评制度的高校应尽快制定，已经制定该制度的高校应该进一步完善。通过建立健全外籍教师的考评制度，适度调节外籍教师的工作压力，提高外籍教师的教育教学质量，从而提高其工作绩效。

为了保障外籍教师考评制度的有效性，各校必须严格执行考评制度，做好监督工作。首先，高校必须建立健全配套的管理制度，主要包括：教学管理制度、聘任管理制度和生活管理制度；其次，各高校结合外籍教师特点和外籍教师聘用合同来制定校级考评制度，进而通过指定院级的考评制度，形成层级递进考评制度，使考评制度系列化，这三种制度缺一不可，而且必须协调一致，这样才能发挥考评制度的正向作用。①

2. 采用合理的考评模式，消除高校外籍教师的不公平感

外事部门是负责外籍教师考评的核心机构，掌管着外籍教师的聘任和管理。因此，大多数高校都采用了由外事部门主导的考评模式。目前来看，中国高校采用的这种模式仍然存在很多不足之处，需要进一步完善。具体模式设计如下：外事部门一边负责制定外籍教师教育教学考评制度，一边要负责组织协调相关部门对外籍教师进行考评工作，这些部门包括教务部门、用人单位及其他相关单位的人员等；参与考评的人员可以由用人单位的领导和管理人员、外事部门的人员、外籍教师、学生中的代表、资深的同行教师、教务部门的人员组成；在形式上，应该将终结性评价与

---

① 史万兵、李广海：《基于工作压力理论的高校外籍教师考评制度评析》，《国家教育行政学院学报》2015年第4期。

过程性评价相结合，注重过程性评价。具体的评价内容可以由日常评价、学期评价和聘期评价组成。① 由于外籍教师的聘期大多采取一年一聘的形式，在聘期末，外事部门应该根据各个评价主体对外籍教师学期和日常的表现进行评价打分，评价结果分为优秀、合格、不合格三类。最后，将评价结果与管理制度及聘用合同的相关规定进行对应，视情况给予外籍教师续聘、解聘、奖励或惩罚的考评处理。②

3. 完善考评指标，增大高校外籍教师考核制度的强制效力

考评指标科学与否对考评方案的实施效果和考评结果有很直接的影响。考评指标是指能够反映考评内容的具体考核条目，在选择考评指标时应注意：（1）根据不同的指标在考评聘用效益中的价值确定各个指标的权重。（2）制定简单易行的指标，便于最终进行量化统计和定性分析。（3）根据外籍教师的不同发展阶段和承担的不同工作任务采用不同的指标和指标权重。受岗位职责的影响，外籍教师的工作重心也随之变化，有的可能把重心放在科研方面，有的可能偏重在教学方面。受任职时间长短的影响，外籍教师的能力发挥受到限制，也影响其成绩的取得，理解了这些，我们就能明白为什么一些任职时间短的外籍教师，教学表现会相对差一些。基于以上分析，针对不同类型的外籍教师，应选择不同的评价指标，同时赋予每个指标不同的权重。

建立三级评价指标体系对外教聘用效益进行评价。一级指标设定为聘用计划、聘用外教的知识、能力和业绩，之后通过职位分类，我们可以分别分解一级指标形成二级指标评价要素。建立起二级指标之后，再对二级指标进行分解形成三级指标，三级指标分解出更加详细的指标评价要素。区分不同类型和层次的人才，针对不同岗位的外籍教师，评价指标赋值应该各有侧重，从而反映出不同评价指标体系下的外教聘用以及效益要求。

以语言教学岗位的外籍教师考评为例，考核指标应主要关注其在完

---

① 戴剑娥、楼荷英：《高校外籍教师教学管理探究——基于全过程质量控制体系的设计与应用》，浙江工业大学学报（社会科学版）2012年第3期。

② 史万兵、李广海：《基于工作压力理论的高校外籍教师考评制度评析》，《国家教育行政学院学报》2015年第4期。

成学校工作任务时的态度、数量、质量及效率这四个方面。在此基础上,制定一套完整的考核体系,一级指标为工作量、工作态度、教学方法和工作质量,之后再层层分解出二级指标、三级指标,并对这四个方面赋予不同权重。① 具体设计如表6—1:

表6—1　　高校语言教学岗位外籍教师考评制度三级指标体系

一级指标	二级指标	三级指标
工作量	周授课时数	是否能正常完成聘任合同中规定的工作量,一般高校均为12—16课时/周
	课外辅导	是否能按期组织和参加英语角、英语沙龙等课外辅导
工作态度	出勤率	是否按时上课,是否遵守教学管理制度
	备课情况	备课是否认真,内容是否熟练,布置作业是否合理
	辅导情况	是否能认真批改作业
	教学情况	教学态度是否认真,是否经常征求学生意见,治学是否严谨
教学方法	教学手段	能否运用多种教学手段激发学生的学习热情,能否熟练运用现代化教学设备
	教学方式	是否能运用适合中国学生的教学方法
教学质量	学生的兴趣水平能力	学生的学习兴趣是否浓厚,学生的语言运用能力是否有明显提高
	成绩评价	在外语等级考试、期末考试、外语竞赛中与本土教师相比是否体现出优势

4. 做好高校外籍教师考评制度的实施工作,提高考评活动的约束力

制度的设计是否合理、是否得到有效实施都会影响到制度的绩效。因此,在制度设计基本完善的基础上,如何保障制度的实施才是关键问题。在外籍教师考评制度实施的过程中,首先,外事工作的校级领导要提高自身认识,重视外教的管理工作和考评,不能忽略其重要性。其次,根据本校的外教师资队伍的大小,成立专门的监督机构,如果外教数量较多,可以在外事部门成立一个外教的教学督导科,专门负责监控外籍

---

① 史万兵、李广海:《基于工作压力理论的高校外籍教师考评制度评析》,《国家教育行政学院学报》2015年第4期。

教师的工作，同时督查外籍教师的考评制度及其实施的情况；如果数量较少，可以在学校的督导部门设立专门人员，以负责监察外籍教师的考评制度的落实情况。最后，要严格按照考评制度中的规定落实考评结果的处理，做到奖惩分明，从而约束和激励外籍教师，提高他们的工作绩效，最终达到提高学校外教聘任效益的目的。①

5. 及时将考核考评结果进行反馈，减轻高校外籍教师的迷茫

对外籍教师考评结果的处理，按照《外籍教师工作考评奖惩办法》对考评结果不及格的外籍教师进行警告或者解聘；对于合格且存在一定问题的外籍教师需要将考评结果及时反馈给他们，并指出他们在哪些地方存在不足，建议他们如何改正；对考评优秀的外籍教师应该予以奖励，进一步激发他们的工作积极性。

考评和奖惩的对象包括多方面，不仅包括对外籍教师进行考评和奖惩，也包括对外事部门和教学单位的相关工作人员进行考评和奖惩。同时，可以征求外籍教师的意见，请他们对参与外事管理工作的工作人员进行监督，反映他们对其生活条件的满意程度、有关部门对规章制度的执行情况以及对外事部门和教学单位的工作人员的满意程度。

（三）创设高校外籍教师职业发展途径，消解专业成长之忧

根据前文的研究，高校的外籍教师，尤其是长期聘任的外籍教师，对自己的职业发展很是焦虑，中国一直实施外籍教师管理的二元管理体制，无论从国家政策还是高校管理制度层面，都没有对外籍教师职业发展做出明确的支持。因此，很多有职业发展意愿的外籍教师为难以找到自身职业发展的路径而烦恼，从而造成一定的负面工作压力，影响工作绩效的提高。随着中国高等教育国际化趋势的不断推进，高校外籍教师队伍不断壮大，对职业发展的要求会越来越迫切，鉴于此，无论是高校还是国家相关管理部门，都应该对外籍教师职业发展问题给予足够重视，及时制定出有效举措。

---

① 史万兵、李广海：《基于工作压力理论的高校外籍教师考评制度评析》，《国家教育行政学院学报》2015 年第 4 期。

1. 高校应该呼吁国家外事管理部门出台相应政策

高校应该针对校内外籍教师职业发展的意愿进行调查摸底，在此基础上，向国家外事管理部门提出建议，呼吁国家外事管理部门出台高校外籍教师职业发展方面的政策。一是国家可以改革外籍教师管理体制，将现行的二元管理体制改为一元管理体制，将外籍教师纳入中国教师管理中来。改革之后，外籍教师可以在同等条件下，与中国教师一起参与职称评审、职务晋升、专业进修和培训，如果能够进行这样的改革，就会从根本上解决外籍教师专业发展问题。二是在现有的二元管理体制下，出台相关政策，支持外籍教师职业发展。如要求高校建立外籍教师岗前培训制度、岗位培训制度、职务竞聘制度等。

2. 高校应为外籍教师的职业发展创设途径

外籍教师的职业发展主要包括专业发展、职称晋升、职务晋升三方面的内容，在现有的二元管理体制下，尽管国家出台的相关政策不多，但高校为了满足外籍教师的职业发展需求，应该尽最大努力为外籍教师的职业发展创造条件。

在专业发展方面，要建立系列化的外籍教师培训制度，通过举办各种培训，提升他们的专业知识、专业能力和专业素养。

（1）培训前提

不管是哪一种培训，都需要根据实际需要进行培训，这也是培训进行的前提。外籍教师的培训也不例外，应该包括职前培训和过程培训。职前培训可以帮助外籍教师了解学生学习水平、思维模式等，快速适应教学角色，制定合理的教学目标和教学计划；另一种是根据问题开展培训工作，即过程培训，通过对外籍教师的绩效考核和评价体系，根据考核结果发现外籍教师在教学过程中存在的不足之处而进行培训。

（2）教学技能培训

由于文化背景的不同导致外籍教师难以了解中国学生的思维方式，教学技能难以得到施展。高校外籍教师的培训要把重点放在关注符合中国学生的教学技能的训练与提高方面，按照"认真、主动、训练"的原则，采取积极鼓励措施吸引更多的教师自愿去参加教学技能的培训。通过在教师中开展"教学咨询"等活动,使教师教学的技能得到提高。①

(3) 培训阶段

因为外籍教师的流动性较强,很难按照一般的职前和任职的培训阶段进行,要根据实际情况进行职前培训和过程培训。职前培训,主要应包括对培养的目标的熟知、对高校的文化以及学习水平的理解;过程培训应主要涉及开发其新的技能和知识。高校外籍教师的科研和教学的专业性,决定了其耗费资源最少和培训最有效的优点,即通过在职培训提高教师知识和技能。但因为外籍教师的任职状态不稳定,为保持高校外籍教师队伍的稳定性,还要考虑培养外籍教师的终身聘任制。

(4) 培训方式

圆桌讨论和讲座的方式,即通过与相关的教师委员会合作,专门设计的工作坊与研修活动,把所有外籍教师聚集在一起,讨论教学中的经验问题。培训活动的设计以满足其教学需求为准,与外籍教师探讨教学中遇到的各种问题,必要时可以专门设立为外籍教师提供咨询服务的机构。由课程发展委员会、高校培训研究中心和外籍教师一起开发新课程或修改课程计划,探讨课程的发展问题,中期学生评估为外籍教师提供积极的教学反馈。

在职称晋升方面,可以为外籍教师建立校内职称晋升通道,每年提供一次职称评审工作,依据本国教师的职称等级,设立助教、讲师、副教授、教授四个职称类别。

(四) 人事管理部门要经常开展文化交流活动,帮助外籍教师跨文化适应

由于文化的差异,高校外籍教师来华后很容易产生跨文化适应压力,从而会影响其教学工作。因此,学校通过组织文化活动,帮助外籍教师尽快适应中国文化显得十分重要。建议采取如下举措:

一是加强中华文化的宣传。随着社会的发展,中国的社会主义现代化建设也取得了巨大成就,可以为外教订阅英文报纸,从而使外籍教师及时了解中国的发展。利用周末的时间,经常组织外籍教师一起参观和

---

① 史万兵、杨慧:《高校外籍教师培训机制研究》,《中国成人教育》2014 年第 1 期。

游览学校周围的名胜古迹,让他们了解中国文化和发展现状,学校还可以给他们发放一定的旅游补贴,这些补贴可以让外教游览中国的大好河山。

二是尊重每一位外籍教师的风俗习惯和礼节。圣诞节对很多西方的外籍教师非常重要,因此每逢西方的传统节日来临时,学校都应该组织他们参与师生联欢,举办圣诞晚会等,为他们制作圣诞树或给他们送些圣诞礼物。不仅如此,还可以在外教生日的时候,安排餐宴并为外教准备生日蛋糕和礼品,让外教感受到家的温暖。

三是积极鼓励师生员工与外籍教师交朋友。跨文化人际关系是高校外籍教师工作压力产生的重要根源。因此,学校人事部门要积极鼓励师生员工与外教建立良好的人际关系,并且交朋友,这样既可以迅速提高他们的英语水平,也会消除外籍教师的孤独感。邀请外籍教师参加英语演讲比赛、英语角、英语沙龙等活动。

四是鼓励外籍教师积极参加学校的文体活动,丰富业余生活。充实的生活是减少外籍教师孤独感的有效办法。所以,学校要鼓励外籍教师参加各类文体活动。例如,邀请他们参加学校举行的文艺晚会、元旦联欢晚会、运动会,鼓励外籍教师作为所在学院的一员参赛。学校为了缓解和消除外教的工作压力和疲劳感,还可以定期组织本校外籍教师与其他学校的外籍教师进行座谈交流,这些都有利于减少外籍教师消极工作压力的影响。

(五) 实施员工心理援助计划,提升外籍教师应对工作压力的能力

员工援助计划可以简写为英文 EAP(Employee Assistance Program),是为员工组织设置的一套长期的、系统的福利与支持项目,它通过专业的人员为组织员工提供诊断、评估、培训、专业指导与咨询方面的考量,帮助员工自身及其家庭成员解决行为上和各种心理上的问题,目的在于提高员工在组织中的身心健康及工作绩效,改善企业里的组织气氛与管理的效能。① 第一个高校员工援助计划项目于 20 世纪 70 年代在美国实施,随着时间的推移,美国越来越多的高等院校都实施了员工帮助计划

---

① 刘亚林:《EAP(员工援助计划)研究综述》,《经济管理与研究》2006 年第 6 期。

以满足美国教职员工的需要,数量多达 150 所。研究表明,EAP 模式具有长效化、持续性和系统性的特征,通过诊断和系统调查,能够对教师压力开展有针对性和计划性的管理,高校教师可以通过其提供的压力状况评估报告,获得优化及建议。EAP 可以帮助教师提高心理健康的意识,而不仅仅局限于注重解决具体的、现实的个人压力问题。通过培训,可以为教师提供生活指导和职业等多层面的指导,从而更好地满足教师个人的需求。EAP 模式把个人与高校结合起来,在关注个人层面压力的同时,高校的压力隐患也得到了很好的消除,充分体现出了人文管理的精神。从上述 EAP 的定义及其作用来看,在中国高校针对外籍教师实施 EAP,能够通过心理健康咨询、评估等手段调节外籍教师工作压力。[①]

1. 争取领导支持,建立相关机构,配置专业人员

在对 20 所高校的外事管理人员的访谈中,只有一所学校实施了员工援助计划,但没有将外籍教师纳入其中,其他 19 所高校没有实施过这项计划,可见学校领导对员工援助计划的认识很不足。因此,外事管理部门的领导要积极与学校高层领导进行沟通,争取得到高层领导的认可和支持。国内外的理论与实践都表明,管理层的重视与支持是 EAP 项目顺利实施与健康发展的根本保证,实施 EAP 成功的最基本要素是领导的积极态度与主动承诺。而高等院校的组织核心竞争力来自于高素质的人才,因此学校有关领导特别是高层领导应该认识到,EAP 项目能够为员工提供利他服务和精神服务,有利于教师的身心健康,组织也能从中获利。

学校要成立心理咨询机构,如果学校内设有心理学学科,则可以直接聘请心理学专业的教师组成心理咨询队伍,如果没有心理学学科,需要从校外聘请专业的心理咨询人员,要求在学历上具备心理学专业背景,且拥有国家二级以上心理咨询师证书,具有心理咨询经验。心理咨询机构不仅要负责日常心理咨询工作,还要定期对外籍教师进行心理培训。

2. EAP 实施的内容、途径与方法

在外籍教师工作压力管理中,结合高校外籍教师的职业特点,EAP

---

① 刘亚林:《EAP(员工援助计划)研究综述》,《经济管理与研究》2006 年第 6 期。

的应用与企业员工心理援助不同，与本土教师也有所不同，基本不涉及家庭成员的培训，主要对其本人定期进行培训、随时进行压力咨询、压力诊断，当然也包括宣传普及、改善工作环境等若干方面。

EAP 的有效开展离不开对高校外籍教师队伍进行专业的压力评估、压力诊断，以寻找并确定问题。就学校而言，要通过大面积调查，对外籍教师的心理状况进行了解，通过研究，发现和诊断外籍教师的压力现状，这也是 EAP 有效开展的前提，并在此基础上提出相关的建议。

宣传推广。教师职业心理健康宣传的形式有很多，不仅可以通过校园网、宣传栏、卡片进行宣传，还可以举办多种形式的讲座、出版校报和健康手册等。这些形式在宣传中都应涉及压力管理、如何有效疏导压力、改善压力应对方式等方面，这样高校教师对 EAP 的认识便会有所提升，同时 EAP 知识也会得到普及。

组织变革。组织方面主要是重新设计和改善外籍教师的工作环境。要从实际出发，针对不同岗位、不同专业的外籍教师改善高校管理环境，同时要考虑到外籍教师工作的差异性和特点，建立一套合理的教师考评制度，其中科研、学术评估机制的建立尤为重要。高校的工作环境对外籍教师的发展尤为重要，通过团队合作建设、领导力培训、组织结构变革来改善教师的工作环境，帮助教师规划自己的职业生涯，丰富其工作内容，这样，教师既可以明确自己的发展方向，还能减轻自身的工作压力，有利于消除教师的压力源。①

教育培训。教师在自我成长的过程中，会面临许多压力挫折，这时需要教师学会如何应对压力，以积极的健康心态缓解自身的压力，学会思考和控制自己的情绪，这就需要对教师进行培训。通过培训，帮助高校教师掌握抗压的方法，提高自身的心理素质。对那些培训教师的管理人员来说，他们熟知心理管理的技术，因此，在面对出现心理反应状况的高校外籍教师，他们能够迅速找到解决的办法，尽快缓解不良压力造

---

① 张西超：《员工帮助计划——中国 EAP 的理论与实践》，中国社会科学出版社 2006 年版，第 89 页。

成的负面影响。①

心理咨询。学校心理咨询部门可以利用互联网和通信技术，面向全体教师包括外籍教师，开展网上咨询、电话咨询、团体辅导、个人咨询等多种形式的心理咨询服务，外籍教师通过这些形式的咨询，能够改变自己不合理的生活方式、行为模式和自己的认知，减少压力出现的概率，让外籍教师工作、生活的方方面面都得到应有的关怀，能够正视问题，合理地应对压力、分析压力，从而通过多种途径有效地缓解压力。

3. EAP 实施过程中应注意的事项

首先，要有针对性的实施 EAP 模式，采用不同的策略去解决不同的高校外籍教师所面临的问题。比如，不同的外籍教师会因为国籍、年龄、来华时间长短、学历、岗位等因素面临不同的压力。那些来华时间较短的外籍教师主要面对的压力是教学上的压力以及跨文化的适应性问题；而来华任教时间较长的外籍教师更多的面对着职业发展方面的问题，以及学术科研上的创新问题；亚洲籍外籍教师面临的主要工作压力可能是教学科研工作量方面的压力，欧美籍外籍教师面临的压力主要是文化适应问题。各个类型的外籍教师面对的压力是完全不同的，在此就不一一枚举了。据此，高校在实施员工心理援助计划时，一定要针对不同的外籍教师实施员工心理援助计划，在计划进行时，要针对不同的情况进行有针对性的培训和咨询，这样才能获得最好的管理效果。

其次，针对外籍教师不同的压力管理建立专门的管理机构，可以采用内部设置的模式。这种管理模式能够使学校的人、财、物资源得到充分的利用，实施成本较低，教师和教师之间能够进行更好地交流和沟通，而且教师彼此之间的熟悉在某种程度上更加容易产生信任感。EAP 作为一种长效的减压机制在高校内部能够持续地发挥作用，高校具备专业的心理咨询人员群体，高校外籍教师的压力管理效果将得到非常明显的提高。

最后，对于 EAP 的内容设置应该采取多样化的方式，由于绩效考核的长期性，EAP 的内容除了要针对教师的压力之外，对于教师个人的生

---

① 王天雪：《关于开展 EAP 服务提高高校竞争力的思考》，《商业经济》2010 年第 10 期。

活、工作、学习甚至家庭各个方面都应该予以考虑。此外，EAP 还可以为教师更合理地规划个人的职业生涯，教师个人的规划越清晰，教师的职业发展方向也就越明确。因此，要保留 EAP 实施效果的长期性和持续性，以便让其功能得到更好的发挥。[①]

五　高校外籍教师后勤管理层面的对策

（一）建立高校外籍教师后勤服务管理制度

责任的明确需要依靠制度进行规范，同时，制度是工作效率的保障，因此，做好外籍教师的后勤服务工作，首先要建立规范的后勤管理制度。外籍教师后勤管理制度的内容应该包括主要负责人、业务受理人员、外籍教师后勤服务的基本原则、外籍教师后勤服务的基本范围四个部分。主要负责人应该是后勤部门的处长或副处长担任，对外负责与外事部门以及其他单位的沟通、协调，对内进行人员调度、服务工作安排。业务受理人员要求形象好、气质佳、沟通能力强、外语水平高，负责与外籍教师进行沟通和交流，并将外籍教师的要求及时有效地转达给具体服务人员。其次，外籍教师后勤服务人员要掌握基本的交往原则：一是坚持尊重原则，无论是哪个国家、哪种肤色的外籍教师，在为他们提供后勤服务时，都要尊重他们的信仰，尊重他们的人格，不能有侮辱性语言的出现，不能表现出轻蔑的态度；二是要尊重外籍教师的隐私，隐私对很多外国人是非常重要的事情，不尊重隐私就相当于不尊重他人的人格；三是要坚持保密原则，我们与外籍教师打交道，要时刻坚持保守国家秘密的原则，要尽量避免与外籍教师谈论国家政治、国际政治等敏感话题。[②]

（二）培养后勤工作人员的服务意识，提升后勤服务质量

经常对后勤部门的员工进行培训，要求他们增强服务意识，减少外籍教师的不满情绪。生活上的适应是外籍教师跨文化适应的主要内容，为外籍教师提供优质的生活服务是减少他们不满意情绪的最主要方法。

---

① 李士明、吴玉桐：《运用 EAP 提升高校教师幸福指数》，《大庆师范学院学报》2010 年第 5 期。

② 于立志：《高校外籍教师管理现状与管理对策研究——以青岛市高校为例》，硕士学位论文，青岛大学，2013 年，第 34 页。

不满意的情绪往往会形成消极性压力，影响他们的工作积极性。因此，学校在后勤管理环节需要进一步完善，争取做到让多数外籍教师感到满意。首先，在饮食方面，单独设立外籍教师食堂，针对不同外籍教师的生活习俗，做到饮食选择多样化，解决好他们的饮食问题；其次，在住宿安排上，如果条件允许，尽可能做到每人一室。外教很注意自己的个人隐私，加上很多人都有自己的宗教信仰，在访谈中，很多外教都赞成每人一室的居住方案；再次，对于刚刚到岗的外籍教师，派人陪同并熟悉学校周边环境，讲解当地风俗习惯，发放中英文对照的出行手册，帮助外籍教师尽快熟悉生活环境；最后，对外籍教师提出的物品购买以及维修申请，只要符合学校规定，要及时做出回应，增强效率意识。

第二节　高校外籍教师工作压力组织管理模型的构建

前文对高校外籍教师工作压力进行了系统而深入的研究，并针对性地提出了高校外籍教师工作压力管理建议。将高校外籍教师工作压力管理的全过程以模型的方式展现出来，能为高校管理者及对工作压力感兴趣的研究者提供直观而实用的参考。

国内外学者曾从不同的视角建构过工作压力管理模型，Yerkes-Dodson关系模型、OSI模型、Robbins提出的"压力源—压力体验—压力结果"模型、Cooper和Williams在2002年提出的动态过程模型——四元模型，后三个模型基本都是对工作压力进行的结构化描述，实质是一致的。尽管这种结构化的认识为组织进行工作压力的调查、分析与管理提供了一套直观化的模板，但是，以上三个压力模型，每个都不能算是一个完整意义上的压力管理模型，原因在于它们并未提出可操作化的压力管理建议。从组织管理的视角来看，以上三个模型只是为人们提供了对工作压力的框架性和流程性认识。[①] 中国学者许小东2004年建构了组织

[①] 许小东、孟晓斌：《组织工作压力的两维管理模型构建研究》，《管理评论》2004年第8期。

工作压力的两维管理模型，张建卫于2007年提出了组织工作压力管理的三层级模型，这两个模型在重视工作压力产生机制的基础上，体现了管理过程的操作性和可行性。

综合考察国内外学者提出的工作压力管理模型，结合前文对高校外籍教师工作压力的实证调研，本书认为，高校外籍教师工作压力管理模型应该包括高校外籍教师工作压力来源、高校外籍教师工作压力、高校内部管理三个模块。具体模型见图6—1：

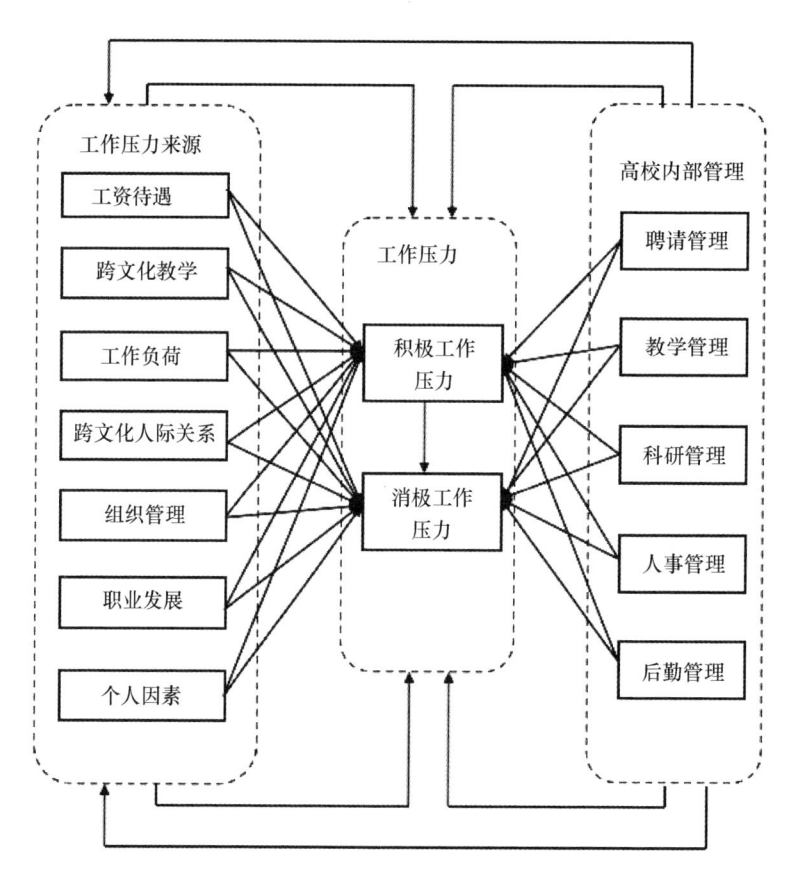

图6—1 高校外籍教师工作压力组织管理模型

一 高校外籍教师工作压力组织管理模型的构成要素及其关系

高校外籍教师工作压力管理模型由工作压力来源、工作压力、高校内部管理三个模块构成。工作压力来源由七个因子构成，分别是工资待遇、工作负荷、跨文化教学、跨文化人际关系、组织管理、职业发展和个人因素。工作压力模块由积极工作压力和消极工作压力两个因子组成。高校内部管理包括聘请管理、教学管理、科研管理、人事管理、后勤管理五个因子。通过前文的实证调研和讨论，三个模块以及各因子之间的关系已经逐渐清晰：

一是三个模块两两之间存在着密切的内在关联。高校组织管理影响着高校外籍教师工作压力来源，工作压力源是导致高校外籍教师产生工作压力的最重要因素，高校组织管理是高校外籍教师工作压力管理的主要手段，它对高校外籍教师工作压力的管理主要是通过对工作压力源的调控来实现的。

二是构成高校外籍教师工作压力来源的七个因子中，每个因子又是由若干次级因子组成，七个因子不仅产生的工作压力强度不同，而且产生的工作压力性质也有所不同。经过实证研究，工资待遇、工作负荷、跨文化教学、跨文化人际关系给高校外籍教师带来的压力最大，而组织管理、职业发展、个人因素造成的压力相对较小。每个因子又是由很多次级因子组成的，每个次级因子形成的工作压力有着不同的性质，有的是积极的，有的是消极的。以组织管理压力源形成的工作压力为例，组织管理包括管理机构的有无、管理制度的完善与否、管理人员的素质情况等要素，其中完善的管理制度会给高校外籍教师带来一定的压力，而这种压力如果程度适中的话，会激发他们的工作积极性，成为积极工作压力。而管理人员素质不高，经常会引起外籍教师的不满情绪，导致他们工作积极性下降，这样的压力往往是消极的。

三是高校外籍教师的工作压力是多种工作压力源共同作用形成的综合性压力，它是由积极压力和消极压力共同组成的，而且积极压力可以转化为消极压力。在实证调研的过程中发现，每个高校外籍教师感受到的工作压力都不是由单一因素形成的，往往是由两个以上的多种因素共同作用形成的，只是各种因素所起的作用有所差异。如上所述，每种要素都会产生积极压力和消极压力，因此，高校外籍教师的工作压力也是由积极压力和消极压力共同组成的。而积极压力是相对的，当达到一个度之后会发生性质的转变，变为消极压力。例如，工作负荷带来的压力，如果让个体感到工作负荷压力适度，个体将会充满激情地主动完成任务，不断为目标而努力，这时的工作负荷压力是积极的，一旦个体认为工作负荷太重，超出了自己的工作能力，继而对工作产生厌倦、排斥，甚至逃避，这样的工作负荷压力是消极的。

四是高校内部管理的五个因子是高校管理的五个系统，它们既是高校外籍教师工作压力来源的主要影响因素，也是高校外籍教师工作压力管理的主要途径，它们既有不同的分工，也需要在高校外籍教师工作压力管理中相互配合。通过对实证调研的讨论，发现工资待遇、工作负荷、跨文化教学、跨文化人际关系、组织管理、职业发展和个人因素等工作压力源因子无不受到高校内部管理五个因子的影响。例如，看似与高校管理关系最不密切的个人因素因子，也是完全可以通过聘请管理来进行控制的，聘请过程严格，招聘个人能力强、心理素质稳定的外籍教师，就能减少由个人素质引起的工作压力。同时，在人事管理中，开展 EPA 员工心理帮扶计划活动，也能够提升外籍教师抗压能力，减少由个人素质引起的工作压力。

二 高校外籍教师工作压力组织管理模型应用的注意事项

根据高校外籍教师工作压力管理模型中各要素之间的关系，以及实证调研的结论，高校外籍教师工作压力管理模型的运行应该遵循以下基本步骤：

第一，高校外事管理部门要定期对外籍教师工作压力情况进行测量，分析和区别工作压力的性质。高校外事管理部门定期以发放调查问卷、座谈等方式，了解本校外籍教师工作压力情况，通过工作压力反应、工作效率高低等指标，对工作压力的程度和性质进行区分。根据前期的研究，工作压力不足和工作压力过大都会降低工作效率，消极工作压力会降低工作效率，积极工作压力在适度时会提高工作效率，在过大时则会转变为消极压力，也会降低工作效率。因此，对高校外籍教师工作压力现状的测量工作是进行工作压力管理的起点。

第二，分析高校外籍教师工作压力的来源及其性质。高校管理部门要针对外籍教师工作压力情况进行工作压力来源的分析，通过调查问卷、座谈等形式向外籍教师、外籍教师管理人员、学生等了解外籍教师工作压力的来源，并对这些来源进行具体分析，分析它们在外籍教师工作压力产生中所起到的作用，分析它们的性质，即消极性还是积极性，为外籍教师工作压力管理提供最准确的依据。

第三，高校各个管理部门根据外籍教师工作压力来源、工作压力现状，审视本部门的工作内容和职责，采取相应的管理措施。对可能产生消极工作压力的工作压力来源，通过聘请管理、教学管理、科研管理、人事管理、后勤管理予以消解，达到尽量清除或减少的目标。比如在聘请管理中通过提高外籍教师工资收入和福利待遇、严把聘任程序聘请高质量外籍教师，在教学管理中加强教学研讨，在科研管理中改善科研条件，在人事管理中建立培训制度、职称晋升制度，在后勤管理中提高后勤人员素质、提升服务质量等。对于工作压力较大的高校外籍教师，除了采取以上列举的减少消极工作压力的举措，还要采取措施降低由积极工作压力转化来的消极工作压力。比如通过改变教学管理和科研管理中的工作量，降低由工作负荷带来的工作压力；通过完善管理制度，减少由不合理的制度引起的工作压力。对于工作压力较小的高校外籍教师，采取增大其积极工作压力的措施，比如在教学管理中，适度增加工作量，制定完善的考核制度；在科研管理中，完善科研考核制度，增加科研工作量；在人事管理中，建立完善的考评制度，增强对外籍教师的制度约束力等。

第七章

结　　论

随着高等教育国际化的不断推进，中外合作办学、引进海外智力工作成为常态，高校外籍教师队伍不断壮大，高校外籍教师聘用效益日益得到关注，在探究影响高校外籍教师工作效率的因素中，工作压力是不可避免的研究主题。本书在对高校外籍教师工作压力理论问题探究之后，运用实证研究方法对高校外籍教师的工作压力现状进行了研究，通过理论研究和实证研究，主要得出以下几点结论：

一　高校外籍教师工作压力感总体程度不高，但差异性明显

本书利用访谈法、个案法和问卷调查法对高校外籍教师工作压力现状进行了实证研究，三种实证研究的结果表明，当前中国高校外籍教师工作压力感的总体程度不高，处于中等偏下的水平。根据高校外籍教师访谈的结果，压力感程度低的人约占75%，压力感程度在中等及以上的只有25%；对高校外籍教师工作压力源问卷的统计结果显示，高校外籍教师工作压力感综合指数也处于中等偏下的水平。但是无论在访谈调查中，还是在问卷调查中，均显示出不同高校外籍教师群体的工作压力感在人口统计学方面存在着差异。根据统计结果，不同年龄的外籍教师工作压力感不同，年轻教师压力感较大，年龄较大的外籍教师工作压力感较小；不同国籍背景的外籍教师在工作压力感上存在差异，欧美籍外籍教师压力感大，亚洲籍外籍教师的压力感小；在中国任教时间不同的群体，工作压力感不同，来中国任教时间越长，压力感越小。相反，来中国任教时间越短的外籍教师压力感越大；在不同层次学校工作的外籍教师感受到的压力不同，一般来看，在重点大学工作的外籍教师工作压力

感大；不同岗位上的外籍教师工作压力感不同，从事科研工作的外籍教师比从事语言教学的外籍教师工作压力感大。不仅如此，高校外籍教师的工作压力感也有着明显的个体差异，在对三名外籍教师进行个案研究的过程中发现，面对同一种工作压力来源，三名外籍教师感到的压力也是不同的，这与他们所面临的工作环境、工作任务以及个人的经验和能力都有关系。因此，在对高校外籍教师工作压力进行干预之前，高校应先对高校外籍教师群体和个体的工作压力进行测量和评估，然后根据具体情况采取不同的管理对策。

二 高校外籍教师的不同工作压力源对整体工作压力的贡献值具有差异性

工作压力来源是高校外籍教师工作压力产生的最直接、最重要的因素，因此，高校外籍教师工作压力管理的关键是对工作压力来源的调控。对高校外籍教师工作压力现状进行实证研究的结果表明，高校外籍教师工作压力来源是多元的，主要包括7类：工资待遇、跨文化教学、跨文化人际关系、工作负荷、组织管理、职业发展、个人因素，其中工资待遇是最主要的压力源，之后依次是：工作负荷、跨文化人际关系、跨文化教学、组织管理、职业发展、个人因素。尤其是在问卷调查中，对这些工作压力源因素进行了结构探索性因子分析和结构验证性分析，证明了这七个因子存在的科学性。而且，跨文化因素给高校外籍教师带来的压力是最具特殊性的，与本土教师的工作压力相比，高校外籍教师的跨文化适应压力源是这个群体工作压力的显著特征。除此之外，从实证结果看，各个工作压力源给高校外籍教师群体和个体带来的工作压力在强度上不同。从问卷调查结果看，工资待遇给外籍教师群体带来的工作压力最大，其次是工作负荷，再次是跨文化教学。不同年龄段的外籍教师在工作压力源上的差异主要体现在跨文化教学、跨文化人际关系、职业发展三个维度上，从这三个方面来看，青年教师和中青年教师的压力明显高于老年教师，但在工作负荷、工资待遇、个人因素、组织管理这四个维度上三个年龄段的外籍教师工作压力强度差别不大；从来华任教时间上看，来华任教时间短的教师和来华任教时间长的教师在跨文化教学、跨文化人际关系、组织管理三个维度上的差异比较显著,而在工资待遇、职业发展、个人因素、工作负荷这四个维度上的差别不大;不同类型高校的外籍教师在工作负荷、组织管理、工资待遇三个方面的压力程度不同;不同国籍背景的外籍教师在各维度上的压力强度不同,欧美籍、亚洲籍和华裔外籍三类教师的工作压力强度主要在跨文化教学、跨文化人际关系两个维度上有着显著差异;科研类、语言教学类、专业课教学类外籍教师在工资待遇维度、组织管理维度、工作负荷维度上的差别较为明显,而在其他五个压力源维度上的差异不显著。

个案研究表明,高校外籍教师工作压力来源除了具有多样性之外,它们引起的工作压力在性质上也是不同的,比如工资待遇引起的工作压力,会使外教感到经济拮据,难以满足其物质需要,并且内心充满担心和忧虑,从而降低其工作积极性,所以这类工作压力属于消极压力。而工作负荷带来的工作压力则不同,在这样的压力下,会激发外教的工作积极性,所以它属于积极压力,但这样的工作压力如果超出一定水平,就会使外籍教师不堪重负,出现负面压力反应,降低工作效率。

根据高校外籍教师工作压力来源的多样性及其作用的相异性,在对工作压力来源的调控过程中,高校应该区分工作压力源的性质,评估它对个体可能产生的影响,对消极性的工作压力来源要采取尽量消除的措施,对积极性工作压力来源要采取调适手段,即积极性工作压力不足时,要强化其工作压力来源,当积极性工作压力过大时,要弱化其工作压力来源。

三 高校外籍教师工作压力反应程度不高,但个体差异显著

从高校外籍教师工作压力现状的实证研究来看,无论是访谈调查、问卷调查,还是个案研究,总体来看,高校外籍教师工作压力反应程度不高,或者说他们的消极工作压力反应不强烈。访谈中,出现典型工作压力反应的外籍教师所占的比例很少。从问卷统计结果来看,不仅高校外籍教师工作压力反应强度很低,而且与工作压力感强度之间不存在典型的正相关关系。虽然工作压力感非常大的群体,往往工作压力反应强度高,工作压力强度比较大的群体,他们的工作压力反应强度的平均分

值较高，但工作压力感受适中和工作压力感受较小的人群，在工作压力反应强度上的区别并不大。个案研究表明，工作压力反应因人而异，与工作压力感的强度大小并不是显著的相关，这与曾晓娟对中国大学教师工作压力反应的研究结论基本相符，她认为工作压力反应与工作压力感强度之间有四种类型，即低压力感高压力反应、低压力感低压力反应、高压力感高压力反应和高压力感低压力反应。因此，笔者认为，不能仅仅根据高校外籍教师工作压力反应的强弱来衡量他们工作压力感强度的大小，同理，也不能将高校外籍教师的工作压力反应作为其工作压力管理的重要依据，只能作为辅助指标进行参考。

四 高校外籍教师消极工作压力需要通过提升高校管理质量消解

通过对高校外籍教师工作压力现状形成诱因的分析，发现高校内部管理是外籍教师消极工作压力形成的根源。高校外籍教师的聘请管理、教学管理、科研管理、人事管理、后勤管理都会导致消极工作压力。比如在聘请管理环节中，聘请政策、外籍教师定位、聘请过程的规范性、岗前培训制度的有无等都会成为外籍教师的工作压力来源；在教学管理环节，教学管理制度的完善程度、教学工作负荷大小、跨文化教学适应的快慢都会成为外籍教师的工作压力源；在科研管理方面，科研工作负荷大小、科研考核制度的完善程度、科研工作条件的完备程度等因素都会成为外籍教师的工作压力来源；在人事管理环节，外事管理制度的完善与否、考核评价制度的合理与否、工作人员的服务质量与素质等都会造成外籍教师压力的产生；在后勤管理中，后勤服务人员的工作态度、提供的服务质量都会对外籍教师的工作压力产生影响。因此，高校作为外籍教师工作压力管理的主体，应该对此高度重视，建立健全外籍教师管理的相关制度和机构，提高管理人员素质，创造和谐的人际交往环境，在对外籍教师工作压力测量和评估的基础上，采取预防和治疗措施，尽量减少消极工作压力来源，进而帮助外籍教师个体提高应对工作压力的能力。

附录 A

高校外籍教师访谈提纲

1. 您来自哪个国家？您来中国任教几年了？您来中国之前从事教师职业吗？
2. 您给中国学生讲授哪门课程？在来中国之前讲授过这门课程吗？
3. 您对现在的收入满意吗？能够满足您的消费吗？
4. 假如您生病了，到中国医院看医生，花费的医疗费用是自己全部承担吗？
5. 您每周的工作量如何？与在您本国工作时相比，您认为这样的工作量让你感到轻松还是紧张？
6. 您除了完成教学（科研）任务外，还需要承担其他任务吗？
7. 工作之余，您会经常跟朋友、同事或学生去喝咖啡或者逛商场吗？
8. 您跟中国的同事或者学生交往多吗？（如果回答很少的话，追问原因）
9. 学校是否经常给您提供培训机会，您认为这种培训是否有价值？
10. 您给学校提过管理建议吗？领导是否采纳了你的建议？
11. 学生们对您讲授的课程是否感兴趣？他们愿意跟你交流吗？
12. 您的职称是什么级别？来中国任教是否对您的职称有影响？
13. 学院经常邀请您参加教学或科研会议吗？您是否愿意参与？
14. 您会经常参加学校组织的活动吗？
15. 您对学校提供的生活服务是否满意？
16. 您会经常出现头疼、耳鸣、记忆力下降、焦虑、爱发脾气等症状吗？

17. 您出现过焦虑的情况吗？是因为什么事情引起您的担忧或焦虑呢？
18. 您有过不愿意去工作的时候吗？
19. 您对自己的工作效果是否满意呢？
20. 您觉得学校的哪些管理规章制度需要改进一下呢？
21. 您与管理人员的交流是否顺畅？合作是否愉快？
22. 请您说说经常困扰您的问题是什么？

附录 B

高校外籍教师管理人员访谈提纲

1. 您所在学校现在共有多少名语言类外教？多少名专业课类外教？多少名科研类外教？

2. 外教在来中国之前做过教师的有多少人？从事其他职业的有多少人？来中国任教 2 年以上的有多少人？

3. 贵校在聘请外教时最常运用的方式有哪些？

4. 外教的月薪大约是多少？您认为他们的消费压力大吗？

5. 外籍教师都能享受到哪些福利待遇？他们对学校提供的福利待遇是否满意？

6. 您认为外教的工作量与中国教师的工作量相比哪个更大些呢？

7. 贵校制定了哪些外籍教师管理制度？外籍教师对这些管理制度是否认同呢？

8. 根据您的了解，外籍教师的聘期考核，一般情况下，优秀率能有多少？能够续聘的外教能占到多大比例？

9. 外籍教师都有科研任务吗？他们的科研任务完成情况如何？

10. 贵校外教的办公室是跟中方老师混合使用还是单独设置？

11. 学校是否为每个外教配备了一个中方助理教师（帮扶教师）？

12. 贵校是否针对外籍教师心理问题实施了 EAP 计划？

13. 外籍教师经常向管理人员反映的问题有哪些？

14. 您对学校聘用外教起到的作用如何评价？

15. 您认为国家在外教管理政策方面，需要对哪些方面进行完善和改进？

16. 您认为学校的哪些管理制度会给外籍教师造成压力，应该如何完善？

17. 根据您对外籍教师的了解，您认为贵校的外籍教师在哪些方面感受到压力？

18. 贵校会采取哪些措施来帮助外籍教师适应学校文化？

19. 根据您的了解，贵校的外教有经常因为身体不适等原因请假的吗？

20. 贵校的外籍教师群体中，是否有迟到、早退的现象呢？

21. 您在与外籍教师接触的过程中，是否顺畅？感到最大的障碍是什么？

22. 您认为贵校外籍教师的工作压力水平如何？对他们的工作是否造成了影响呢？

附录 C

高校外籍教师工作压力源初始问卷

指导语：下面的题目是根据外籍教师在工作中经常遇到的问题所编制的。请认真阅读每一项，在符合您实际情况的数字上打"√"进行选择。记分方法：没有压力 =1；压力较轻 =2；压力中等 =3；压力较大 =4；压力很大 =5。

	项目内容	没有压力	压力较轻	压力中等	压力较大	压力非常大
1	工资比较低	1	2	3	4	5
2	缺乏一些必要的社会保险	1	2	3	4	5
3	奖金少、节日福利待遇少	1	2	3	4	5
4	课时费少	1	2	3	4	5
5	担心学生不适应我的教学方式	1	2	3	4	5
6	找不到合适的教材和教学资料	1	2	3	4	5
7	学生不爱学习	1	2	3	4	5
8	对教学成绩的要求过高	1	2	3	4	5
9	担心学生的考试成绩	1	2	3	4	5
10	由于语言和文化不同，我和学生不能进行有效沟通	1	2	3	4	5
11	由于语言和文化不同，与管理人员的沟通不畅	1	2	3	4	5
12	由于语言和文化不同，我和同事不能进行有效沟通，缺少归属感	1	2	3	4	5
13	由于语言和文化不同，我和领导交流少	1	2	3	4	5
14	教学工作得不到校领导及相关部门应有的支持与配合	1	2	3	4	5
15	组织和参与的课外活动较多	1	2	3	4	5
16	我备课花较多时间	1	2	3	4	5
17	每周课时数较多	1	2	3	4	5

续表

	项目内容	没有压力	压力较轻	压力中等	压力较大	压力非常大
18	所负责的学生人数多	1	2	3	4	5
19	科研任务重	1	2	3	4	5
20	缺少与中国同事和学生的交流机会	1	2	3	4	5
21	参与学校决策机会少	1	2	3	4	5
22	我得不到及时的教学反馈	1	2	3	4	5
23	由于缺乏入职前的培训，对学校的一些管理制度不了解	1	2	3	4	5
24	考核评价制度不合理	1	2	3	4	5
25	聘请制度不完善	1	2	3	4	5
26	管理人员不能提供及时、细致、有效的服务	1	2	3	4	5
27	缺少教育教学的培训和指导	1	2	3	4	5
28	我没有机会参与学术活动和学术研究	1	2	3	4	5
29	没有职务晋升的途径	1	2	3	4	5
30	没有职称晋升的机会	1	2	3	4	5
31	自己的成就期望高	1	2	3	4	5
32	专业知识和技能不足	1	2	3	4	5
33	缺乏教学经验	1	2	3	4	5
34	心理承受能力差	1	2	3	4	5
35	遇到困难爱退缩	1	2	3	4	5
36	身体不够健康	1	2	3	4	5

附录 D

高校外籍教师工作压力反应初始问卷

指导语：下面的题目是根据您在生活和工作中可能出现的工作压力反应编制的。请认真阅读每一项之后，在符合您实际情况的数字上打"√"进行选择。记分方法：没有＝1；很少＝2；有时＝3；经常＝4；总是＝5。

		没有	很少	有时	经常	总是
1	胸闷、头疼、气闷、耳鸣等身体不适症状	1	2	3	4	5
2	近期食欲大增，体重增加	1	2	3	4	5
3	工作效率下降	1	2	3	4	5
4	睡眠质量差，食欲不佳	1	2	3	4	5
5	心率增快	1	2	3	4	5
6	有过激行为	1	2	3	4	5
7	思维缓慢、混乱，反应迟钝	1	2	3	4	5
8	情绪低落	1	2	3	4	5
9	焦虑、紧张	1	2	3	4	5
10	记忆力下降	1	2	3	4	5
11	注意力不够集中	1	2	3	4	5
12	经常有离职回国的想法	1	2	3	4	5
13	爱发脾气	1	2	3	4	5
14	精神焕发，过于兴奋	1	2	3	4	5
15	经常腰酸腿疼，感到疲劳	1	2	3	4	5
16	记忆力时好时坏	1	2	3	4	5

附录 E

高校外籍教师工作压力正式问卷

（中 文）

老师您好：

我是一名东北大学的博士研究生，这是用于完成学位论文的一个调查，调查目的是了解中国大学外籍教师的工作压力强度、工作压力来源以及工作压力影响。再次说明，本次调查仅仅用于学术研究，不会泄露您的任何隐私，不会给您带来其他负面影响。

非常感谢您的合作！

第一部分调查对象的基本情况

请在符合您实际情况的选项前打"√"，对于主观性问题，请您按实际情况将答案填在横线上。

1. 您工作的大学是_____
2. 您的性别：□男□女
3. 您出生于_____年
4. 您的国籍是_____
5. 您的学历是：□学士□硕士□博士□其他
6. 您来中国工作的时间是：_____个月
7. 您以前在您的国家做过教师吗？□做过□没做过
8. 您现在从事哪方面的教学科研工作？
□外语教学□其他专业课教学□科学研究和教学□科学研究
9. 您的工作量是：_____小时/周

10. 您认为自己有下列哪些个性特征？（可以进行多项选择）
□容易感到疲劳 □缺乏自信 □自我期望过高
□身体不健康 □情绪容易波动

第二部分 高校外籍教师工作压力来源

指导语：下面的题目是根据外籍教师在工作中经常遇到的问题所编制的。请认真阅读每一项之后，在符合您实际情况的数字上打"√"进行选择。记分方法：没有压力 =1；压力较轻 =2；压力中等 =3；压力较大 =4；压力很大 =5。

	项目内容	没有压力	压力较轻	压力中等	压力较大	压力非常大
1	工资比较低	1	2	3	4	5
2	缺乏一些必要的社会保险	1	2	3	4	5
3	奖金少、节日福利待遇少	1	2	3	4	5
4	担心学生不适应我的教学方式	1	2	3	4	5
5	找不到合适的教材和教学资料	1	2	3	4	5
6	对教学成绩的要求过高	1	2	3	4	5
7	担心学生的考试成绩	1	2	3	4	5
8	由于语言和文化不同，我和学生不能进行有效沟通	1	2	3	4	5
9	由于语言和文化不同，与管理人员的沟通不畅	1	2	3	4	5
10	由于语言和文化不同，我和领导、同事不能进行有效沟通，缺少归属感	1	2	3	4	5
11	所负责的学生人数多	1	2	3	4	5
12	组织和参与的课外活动较多	1	2	3	4	5
13	我备课花较多时间	1	2	3	4	5
14	每周课时数较多	1	2	3	4	5
15	科研任务重	1	2	3	4	5
16	缺少与中国同事和学生的交流机会	1	2	3	4	5
17	参与学校决策机会少	1	2	3	4	5
18	我得不到及时的教学反馈	1	2	3	4	5
19	由于缺乏入职前的培训，对学校的一些管理制度不了解	1	2	3	4	5
20	考核评价制度不合理	1	2	3	4	5

续表

	项目内容	没有压力	压力较轻	压力中等	压力较大	压力非常大
21	聘请制度不完善	1	2	3	4	5
22	管理人员不能提供及时、细致、有效的服务	1	2	3	4	5
23	缺少教育教学的培训和指导	1	2	3	4	5
24	我没有机会参与学术活动和学术研究	1	2	3	4	5
25	没有职务晋升的途径	1	2	3	4	5
26	没有职称晋升的机会	1	2	3	4	5
27	自己的成就期望高	1	2	3	4	5
28	专业知识和技能不足	1	2	3	4	5
29	缺乏教学经验	1	2	3	4	5
30	心理承受能力差	1	2	3	4	5
31	遇到困难爱退缩	1	2	3	4	5

第三部分 高校外籍教师工作压力反应

指导语：下面的题目是根据您在生活和工作中可能出现的工作压力反应编制的。请认真阅读每一项之后，在符合您实际情况的数字上打"√"进行选择。记分方法：没有＝1；很少＝2；有时＝3；经常＝4；总是＝5。

		没有	很少	有时	经常	总是
1	头疼、气闷、耳鸣等身体不适症状	1	2	3	4	5
2	食欲下降、睡眠状况不佳	1	2	3	4	5
3	经常感到疲劳	1	2	3	4	5
4	记忆力下降	1	2	3	4	5
5	注意力不够集中	1	2	3	4	5
6	焦虑、紧张	1	2	3	4	5
7	思维缓慢、混乱，反应迟钝	1	2	3	4	5
8	情绪低落	1	2	3	4	5
9	工作效率下降	1	2	3	4	5
10	有过激行为	1	2	3	4	5
11	爱发脾气	1	2	3	4	5

附录 F

高校外籍教师工作压力正式问卷(英文)

(英　文)

The Work Pressure of Foreign Teachers Questionnaire

Dear teachers,

I am a postgraduate student of Northeast University, and this is a survey for my PHD dissertation. The purpose of this survey is to understand the work stress and sources of stress of foreign teachers in Chinese universities. What needs further explanation is that this questionnaire is just for statistics and it bears no negative influences upon you. Thank you very much for your cooperation!

Part I　Demographic Information:

Please mark "√" on the appropriate item according to the actual situation of yourself. For the subjective questions, please fill in your answers on the line.

1. You work at ＿＿＿＿＿＿＿＿＿＿＿＿＿＿＿＿＿＿＿＿＿＿＿＿ (University name)

2. Gender: □ Male　□ Female

3. Year of birth: ＿＿＿＿＿＿＿＿＿＿＿＿＿＿＿＿＿＿＿＿

4. Nationality: ＿＿＿＿＿＿＿＿＿＿＿＿＿＿

5. Level of education: □ Bachelor □ Master □ Doctor □ other

6. Length of residence in China: ＿＿＿＿＿＿＿＿＿＿ months

7. Have you worked as a teacher in your country before? □ Yes □ No

8. What kind of work are you engaged in?

☐Foreign language teaching ☐Other specialized courses teaching

☐Scientific research and teaching ☐Scientific research

9. Workload: _____ hours per week

10. what is your personality? (You can make many choices)

☐Feel tired easily   ☐Lack of confidence

☐Undue self-expectation   ☐Not healthy   ☐Mood swings

Part II Work Pressure Sources

Instructions: Items below are based on the problems teachers usually met with during working. Please read every item carefully and mark with what is mostly suitable for your current condition. Soring method: no pressure = 1, little pressure = 2, medium pressure = 3, fairly great pressure = 4, great pressure = 5

	Items	No pressure	Little pressure	Medium pressure	Fairly great pressure	Great pressure
1	Salary is not enough, enjoy little the treatment	1	2	3	4	5
2	Have too much work to do	1	2	3	4	5
3	The lack of necessary social security, such as medical insurance, unemployment insurance, and so on	1	2	3	4	5
4	Fear of causing disputes, for some provisions of clause in employment contract is fuzzy	1	2	3	4	5
5	Teaching work lacks of support and cooperation from the school leadership and the relevant departments	1	2	3	4	5
6	Due to different language and culture, having some problems talking with the students	1	2	3	4	5
7	Students are expecting too much of me	1	2	3	4	5
8	Cannot understand the teaching system of China because of the culture differences	1	2	3	4	5
9	Lack of exchange opportunities with Chinese colleagues and students	1	2	3	4	5

续表

	Items	No pressure	Little pressure	Medium pressure	Fairly great pressure	Great pressure
10	My work achievement was not recognized	1	2	3	4	5
11	I spend more time preparing lessons	1	2	3	4	5
12	There is a conflict of my personality and school culture	1	2	3	4	5
13	I have no opportunity to participate in school decision making	1	2	3	4	5
14	I cannot get timely feedback about of teaching evaluation	1	2	3	4	5
15	Due to the lack of the preservice training, some management system on the school do not understand	1	2	3	4	5
16	Poor communication and management personnel	1	2	3	4	5
17	Be misfits my teaching way and the whole school	1	2	3	4	5
18	Lack of training or instruction about teaching	1	2	3	4	5
19	Worry about the performance of the students	1	2	3	4	5
20	Return and pay is not quite	1	2	3	4	5
21	Students do not obey the class discipline and the management	1	2	3	4	5
22	The university has a strict examination system	1	2	3	4	5
23	Due to different languages and cultures, leadership, colleagues and I cannot communicate effectively	1	2	3	4	5
24	Appropriate advice cannot be adopted	1	2	3	4	5
25	I have no opportunity to participate in academic activities and academic research	1	2	3	4	5

Items		No pressure	Little pressure	Medium pressure	Fairly great pressure	Great pressure
26	I have little contact with Chinese colleagues, it is difficult to integrate into the collective, feel lonely	1	2	3	4	5
27	I spend more time on extracurricular activities	1	2	3	4	5
28	I feel lacking of enough professional knowledge and skills	1	2	3	4	5
29	Managers can't provide timely, detailed, effective service	1	2	3	4	5
30	I have no effective method to evaluate the performance of students	1	2	3	4	5
31	Students do not adapt my teaching style	1	2	3	4	5

Part III Working pressure reaction questionnaire

Instructions: Items below are constructed based on working pressure that you might face. Please read carefully every item and mark "√" on your actual condition and scoring method: no = 1, seldom = 2, sometimes = 3, often = 4, always = 5.

	Item	No	Seldom	Sometimes	Often	Always
1	Headache, angina tinnitus and other health uncomfortable symptom	1	2	3	4	5
2	Tend to lose temper	1	2	3	4	5
3	Working efficiency declines	1	2	3	4	5
4	Lose appetites and bad sleep condition	1	2	3	4	5
5	Often get tired	1	2	3	4	5
6	Tend to act overly	1	2	3	4	5
7	Think slowly and confusingly, react dully	1	2	3	4	5
8	Low spirit	1	2	3	4	5

续表

	Item	No	Seldom	Sometimes	Often	Always
9	Anxiety and tension	1	2	3	4	5
10	Memory declines	1	2	3	4	5
11	Cannot concentrate	1	2	3	4	5

That's the end of the questionnaire. Thank you very much for your cooperation!

参考文献

一 中文文献

(一) 著作类

陈向明:《质的研究方法与社会科学研究》,教育科学出版社2000年版。

李虹:《教师工作压力管理》,中国轻工业出版社2008年版。

刘维良:《教师心理卫生》,知识产权出版社1999年版。

刘晓明:《高校教师工作压力管理》,中国轻工业出版社2010年版。

石林:《职业压力与应对》,社会科学文献出版社2005年版。

王以仁:《教师心理卫生》,中国轻工业出版社1993年版。

许小东、孟晓斌:《工作压力应对与管理》,航空工业出版社2004年版。

张西超:《员工帮助计划——中国EAP的理论与实践》,中国社会科学出版社2006年版。

[英] 戴维·弗恩塔娜:《教师心理学》,王新超译,北京大学出版社2000年版。

[美] 弗雷德里克·赫茨伯格:《赫茨伯格的双因素理论》,张堪译,中国人民大学出版社2009年版。

[美] 刘易斯·科塞:《理念人:一项社会学的考察》,郭方等译,中央编译出版社2003年版。

[美] 马斯洛:《人类动机的理论》,许金声等译,中国人民大学出版社2007年版。

[美] 斯蒂芬·P. 罗宾斯:《组织行为学》,孙健敏等译,中国人民大学出版社1997年版。

［美］苏尔斯凯·史密斯：《工作压力》，马剑虹等译，中国轻工业出版社2007年版。

(二) 学位论文

蔡喆：《闽粤地区部分高校教师压力状况研究》，《教育评论》2012年第6期。

蔡喆、莫雷：《广东高校教师压力现状与身心健康的关系研究》，《高教探索》2008年第6期。

陈德云：《教师压力分析及解决策略》，《外国教育研究》2002年第12期。

戴剑娥、楼荷英：《高校外籍教师教学管理探究——基于全过程质量控制体系的设计与应用》，《浙江工业大学学报》（社会科学版）2012年第3期。

丁海燕：《完善外国人在我国参加社会保险法律机制研究》，《甘肃警察职业学院学报》2013年第1期。

杜娟娟：《教学与研究——大学教师的工作投入时间》，《台湾屏东师院学报》2002年第17期。

冯伯麟：《教师工作满意及其影响因素的研究》，《教育研究》1996年第2期。

傅维利、刘磊：《论教育改革中的教师压力》，《中国教育学刊》2004年第3期。

灌宁镇、蒋春雷：《高校教师心理健康现状调查与对策》，《中初级卫生保健》2002年第10期。

郭秀兰：《高校教师心理健康状况调查分析研究》，《大连理工大学学报》2007年第3期。

何剑刚：《对如何提高外教管理工作效率的探索与思考》，《黑龙江教育学院学报》2007年第7期。

贺靖雯、陈子林：《EAP的发展趋势及其应用》，《企业改革与管理》2005年第3期。

胡艳丽：《四川省发动机零部件产业现状研究分析》，硕士学位论文，西华大学，2007年。

黄秀海：《高校教师压力情况的因子分析》，《现代教育科学》2008年第2期。

纪晓丽、陈逢文：《工作压力对高校教师工作绩效的作用机制研究》，《统计与决策》2009年第16期。

贾宁：《高校外教跨文化管理中的沟通技巧探析》，《高教高职研究》2007年第6期。

金南顺、周春利：《高校教师工作压力研究》，《未来与发展》2010年第6期。

金一超：《论外籍教师聘请和管理工作的重新定位》，《黑龙江高教研究》2006年第1期。

金一超：《论外籍教师聘请和管理工作的重新定位》，《黑龙江高教研究》2006年第1期。

李虹：《大学教师的工作压力类型和压力强度研究》，《清华大学教育研究》2005年第5期。

李士明、吴玉桐：《运用EAP提升高校教师幸福指数》，《大庆师范学院学报》2010年第5期。

李兆良、高燕、于雅琴等：《高校教师工作压力状况及与职业倦怠关系调查分析》2007年第2期。

林春梅：《大学教职员工的工作压力与其身心健康的关系研究》，《中央民族大学学报》2003年第5期。

刘建彬、崔源：《融全球智力铸华夏辉煌——引进国外智力工作回眸》，《中国人才》2008年第10期。

刘新颜：《高校外籍教师管理人员应具备的素质》，《边疆经济与文化》2010年第3期。

刘亚林：《EAP（员工援助计划）研究综述》，《经济管理与研究》2006年第6期。

刘越等：《高校教师精神压力的组织应对策略》，《江苏高教》2009年第2期。

柳友荣：《高校青年教师心理健康状况调查分析》，《高等教育研究》1998年第4期。

吕部：《高校教师工作压力研究述评》，《宿州学院学报》2013年第3期。

马文超：《西安市外籍教师的文化适应探究》，《陕西师范大学学报》2007年第9期。

任夫元、胡国庭：《新形势下高校外籍教师管理模式探索》，《学校管理》2009年第12期。

任中红、马静：《提升高校外籍教师资源聘用效益的若干思考》，《西北工业大学学报》（社会科学版）2008年第1期。

史万兵、李广海：《基于工作压力理论的高校外籍教师考评制度评析》，《国家教育行政学院学报》2015年第4期。

史万兵、杨慧：《高校外籍教师培训机制研究》，《中国成人教育》2014年第1期。

王电建：《影响来华外教社会文化适应性的相关因素研究》，《云南师范大学学报（对外汉语教学与研究版)》2010年第3期。

王国香，刘长江、伍新春：《教师职业倦怠量表的修编》，《心理发展与教育》2003年第3期。

王海翔：《高校青年教师心理压力的调查分析及对策》，《宁波大学学报》2004年第5期。

王丽娟：《柔性管理在外教管理工作中的应用探析》，《山东教育学院学报》2007年第6期。

王天雪：《关于开展EAP服务提高高校竞争力的思考》，《商业经济》2010年第10期。

吴玉新、邵建强、王力：《高校外籍教师聘请与管理存在的问题与对策》，《河北科技师范学院学报》（社会科学版）2005年第3期。

熊安邦：《在华外国人参加我国社会保险的法律问题》，《劳动保障世界》2013年第11期。

徐长江：《工作压力系统研究：机制、应对与管理》，《浙江师大学报》1999年第5期。

徐富民、申继亮、朱从书：《教师职业压力与应对策略的研究》，《中小学管理》2002年第10期。

许小东、孟晓斌：《组织工作压力的两维管理模型构建研究》，《管理评论》2004 年第 8 期。

阎祯：《高师中青年教师工作压力状况研究》，《理工高教研究》2006 年第 8 期。

杨秀玉：《西方教师职业倦怠研究述评》，《外国教育研究》2005 年第 11 期。

尹平、陶芳芳、郑延芳：《高校教师压力状况及其影响因素分析》，《中国医院统计》2005 年第 12 期。

曾晓娟、刘元芳：《大学教师工作压力研究的进展与问题》，《黑龙江高教研究》2011 年第 1 期。

张建国：《引进国外智力是改革开放的重要组成部分》，《国际人才交流》2009 年第 1 期。

张秋红：《人本主义理念在外籍教师管理实践工作中的应用》，《长春大学学报》2010 年第 2 期。

张锐、林琳：《国外教师压力源研究的新进展》，《内江师范学院学报》2006 年第 5 期。

朱旗、林健：《福建省新建高校教师压力来源调查》，《中国学校卫生》2008 年第 2 期。

卓成霞：《60 年来我国引进国外智力的发展与超越》，《石家庄经济学院学报》2009 年第 12 期。

(三) 学位论文

白玉苓：《工作压力、组织支持感与工作倦怠关系研究——以服装产业知识型员工为例》，硕士学位论文，首都经济贸易大学，2010 年。

蔡丹：《中国研究型大学教师压力研究》，硕士学位论文，华中科技大学，2013 年。

段灵华：《中国外籍教师跨文化适应的探索研究》，硕士学位论文，杭州师范大学，2011 年。

贾子若：《铁路机车司机工作压力与安全绩效关系研究》，博士学位论文，北京交通大学，2014 年。

金芳：《天津工业大学教师工作压力及应对方式的研究》，硕士学位论文，北京体育大学，2008 年。

李逢超：《高校教师工作压力源量表的编制》，硕士学位论文，山东师范大学，2008年。

李雪超：《NS公司基于工作压力的员工援助计划（EAP）研究》，硕士学位论文，吉林大学，2009年。

刘丽：《广西高校外籍教师管理优化研究》，硕士学位论文，广西大学，2012年。

刘英爽：《高校教师工作压力、控制点及其与工作绩效的关系研究》，硕士学位论文，大连理工大学，2006年。

苏曼丽：《广西高校外籍教师工作压力的实证研究》，硕士学位论文，广西大学，2012年。

孙慧：《教师职业压力的负面影响及其自我调适》，硕士学位论文，湖南师范大学，2003年。

王万智：《高校外籍教师跨文化教学管理要素创新研究》，硕士学位论文，东北大学，2015年。

叶青：《海外国际汉语教师工作压力研究》，硕士学位论文，华东师范大学，2011年。

于立志：《高校外籍教师管理现状与管理对策研究——以青岛市高校为例》，硕士学位论文，青岛大学，2013年。

俞华萍：《云南民办高校外籍教师管理研究——以云南经济管理职业学院为例》，硕士学位论文，云南大学，2012年。

袁源：《西南财经大学外籍教师管理研究》，硕士学位论文，西南财经大学，2011年。

曾晓娟：《大学教师工作压力研究》，博士学位论文，大连理工大学，2010年。

张桂萍：《石家庄市高校青年教师工作压力量表的编制》，硕士学位论文，河北师范大学，2005年。

张丽莎：《金融危机背景下企业员工关系管理研究》，硕士学位论文，重庆大学，2010年。

张柳娟：《江西高校外籍教师管理研究》，硕士学位论文，南昌大学，2014年。

张园园:《我国民办高校外籍教师管理问题研究——以吉林省民办 S 学院为例》,硕士学位论文,东北师范大学,2009 年。

周隽:《上海市中学教师职业压力状况及影响因素研究》,硕士学位论文,华东师范大学,2003 年。

(四) 报纸文章

国家外国专家局教科文卫专家司:《普通外国文教专家及专业人员在华工作工资参考线 [EB/OL]》,2009 年 6 月, (https://www.pkulaw.com/chl/13244f905d024668bdfb.html)。

教育部:《国家中长期教育改革和发展规划纲要 (2010 - 2020) [EB/OL]》,2010 年 7 月, (http://old.moe.gov.cn/publicfiles/business/htmlfiles/moe/info_list/201407/xxgk_171904.html?authkey=gwbux)。

人力资源和社会保障部:《在中国境内就业的外国人参加社会保险暂行办法 [EB/OL]》,2011 年 9 月 (http://www.mohrss.gov.cn/gjhzs/GJHZzhengcewenjian/201109/t20110921_83663.html)。

新华社:《中华人民共和国社会保险法 (主席令第三十五号) [EB/OL]》,2010 年 10 月, (http://www.gov.cn/flfg/2010 - 10/28/content_1732767.htm)。

中央组织部:《引进海外高层次人才暂行办法 [EB/OL]》,2008 年 (http://rsc.shiep.edu.cn/f6/24/c1707a63012/page.htm)。

二 英文文献

A. H. Winefield & R. Jarrett, "Occupational stress in university staff", *International Journal of Stress Management*, 2001.

Andy Hargreaves, "The Emotional Practice of Teaching", *Teaching and Teacher Education*, 1998.

A study group of administrative staff at Japan Association of University, "Administrative Management report on consciousness survey of administrative staff at the university", *Journal of Japan Association of University Administrative Management*, 2004.

Caplan R. D & Cobb S. & French, J. R. P., *Job demands and worker health*:

Main effects and occupational differences. Washington, D. C., US: DHEW. Publication, 1975.

Clark, An *Analysis of Occupational Stress Factors as Perceived by Public School Teachers*, Auburn: Auburn University, 1980.

C. L. Cooper & S. J. Sloan & S. Williams, *Occupational stress indicator: Management guide*, Windsor, UK: NFER-Nelson, 1988.

Cooper C. L. & S. J. Sloan & S. Williams, *Occupational stress indicator: Management guide*, Windsor, UK: NFER – Nelson, 1988.

Dunham, "Teacher Stress and Burnout: An International Review", *Educational Research*, 1984.

E. Adams, "Vocational teacher stress and internal characterisric", *Journal of Vocational and Technical Education*, 1999.

Fisher, *Stress in academic life: The mental assembly line*, Buekingham, UK: Open University Press, 1994.

Folkman S. R & Lazarus & Gruen R. J., "Appraisal, coping, health status, and psychological symptoms", *Journal of Personality and Social Psychology*, 1986.

Fontana & Abouserie, "Stress Levels, Gender and Personality Factors Inchers", *British Journal of Education Psychology*, 1993.

Friedman, "Burnout in teachers: Shattered Dreams of Impeccable Professional Performance", *Journal of Clinical Psychology*, 2000.

Grossi G., "Financial Stain, Work involvement and psychological and psychosomatic pymptoms amongst a group of unemployed Swedish men and women", *Sweden: Department of psychology, Division of Biological Psychology*, Stockholm University, 1999.

G Whalley, *The wisdom of the body*, New York: Norton, 1965.

Hicks, *The Mental Health of Teachers*, New York: Cullman and Ghertner, 1933.

Hontela. S, "The stress concept", *Canadian Medical Association Journal*, 1976.

H. Selye, "Teacher stress control", *Canadian Medical Association Jounal*, 1976.

Ivnacevich J. & Matteson M. T. & Freedman S. M. & PhillipsJ. S., "Worksite stress management interventions", *American Psychologist*, 1990.

J. Griffith & A. Steptoe & M. Cropley, "An investigation of coping strategies associated with job stress in teachers", *British Journal of Educational Psychology*, 1999.

Kyriacou C & Sutcliffe J, "Teacher Stress: Prevalence, Sources and Symptoms", *British Journal of Educational Psychology*, 1978.

Kyriacou & Sutcliffe, *Teacher Stress: a Review*, Educational Review, 1977.

Kyriacou, "Teacher stress: directions for future research", *Educational Review*, 2001.

Lazarus R. S, *Stress and emotion: A new synthesis*, NewYork: Springer, 1999.

Ldeford C. J. & Childress M. A., *Theories of Organizational Stress*, Oxford, UK: Oxford Univ. Press, 1998.

Lennon M. C., French J. R. & Caplan R. D., *The mechanisms of job stress and Strain*, New York: Wiley, 1984.

Matheny & Albert, "Coping with Job-related Stress: The Case of Teachers", *Journal of Occupational Psychology*, 2005.

Moracco J. C & H. MCFadden, "The counselor's role in reducing teacher stress", *The Personnal and Guidance Jourrnal*, 1981.

R. Abouseric, "Stress, coping strategies and job satisfaction in university academic staff", *Educational Psychology*, 1996.

Robbins S. P, *Organizational behaviors*, Upper Saddle River, New Jersey: Prentice-Hall. 2001.

Robert A. & Karasek, J. R. "Job demands, job decision latitude, and mental strain: Implications for job redesign", *Administrative Science Quarterly*, 1979.

R. S. Bhagat & S. M. Allie & D. L. Ford, "Organizational stress, Personal life stress and symptoms of lifestrains: An inquiry into the moderating role of styles of coping", *Journal of Social Behavior and Personality*, 1991.

Siegrist J & Johannes, "Adverse health effects of high-effort/low-reward conditions", *Journal of Occupational Health Psychology*, 1996.

Spector & Paul E, "Interactive effects of perceived control and job stresses on affective reactions and health outcomes for clerical workers", *Journal of Occupational Health Psychology*, 1987.

Spielberger CD & Reheiser EC, *Measuring occupational Stress: The Job Stress Survey*. New York: Norton, 1995.

T. A. Beehr & J. E. Newman, "Job stress, employee health, and organizational effectiveness: A facet analysis, model and literature review", *Personal Psychology*, 1978.

T. Cox, T. Brockley. "The experience and effects of stress in teachers", *British Educational Research Journal*, 1984.

后　　记

　　天行健，君子以自强不息。知行合一，止于至善。博士毕业三年有余，东北大学的校训仍牢牢镌刻心底，攻读博士学位的日日夜夜仍历历在目。尽管毕业后未能对高校外籍教师工作压力问题进行持续研究，但我一直在关注着高校外籍教师这个特殊群体，关注着组织成员的群体工作压力问题。"双一流"大学建设促进了中国高等教育国际化水平的进一步提升，影响了高校外籍教师队伍的规模和结构。原因在于，"双一流"大学建设的重要指标是高校的国际化水平，国际化水平的评价指标除了考察高校举办和参与国际学术会议，以及国际期刊发表论文之外，接纳和派出留学生以及聘任外籍教师的数量尤为重要。据了解，与三年前相比，中国高校外籍教师的学科背景和岗位结构发生了很大变化，语言教学类外籍教师所占的比例正在逐年降低，而科研类外籍教师逐年增多，这与中国高等教育从规模发展走向内涵发展有着极其密切的关系。根据工作压力的动态性特征，高校外籍教师学科背景和工作岗位结构的变化，必然会引起高校外籍教师整个群体工作压力水平的变化。从某种意义上来说，高校外籍教师工作压力因其因变量的多元性和多变性，决定了它必然是一个动态、复杂的抽象所在。既然如此，花费大量精力去研究高校外籍教师工作压力又有什么意义呢？事实上，本书的研究虽然对高校外籍教师工作压力状况进行了时间纵面上的呈现，但这并不是重点，其主要价值在于为群体工作压力研究提供了一个范式，即对于如工作压力这类因变量多元的事物进行研究，要采取分类、分层的多维度研究思路和混合式研究方法，才能够避免研究的偏颇。

在书稿即将付梓之际，我最想表达的是感谢。首先，感谢我的博士生导师史万兵教授，是她不嫌学生愚钝，将我收入门下，使我真正领悟了教育研究的真谛，领略了一个学者应有的风骨。饮水思源，在此要感谢我的硕士生导师张维平先生，是他将我带上了学术道路，力荐我攻读博士学位，使我成为学术中人。其次，感谢那些在我博士论文写作以及本书出版过程中给予大力支持的良师益友。感谢兄弟院校的老师们为我创造了访谈外籍教师的条件，感谢评审专家和答辩委员们为我提出的宝贵修改建议，感谢中国社会科学出版社的赵丽编辑为本书出版付出的辛劳。再次，感谢我的家人们。多年来，父母的教诲与培养，同胞手足的经济资助与精神鼓励，妻子和女儿的默默支持，都化为我自强不息、孜孜以求的不竭动力。最后，感谢教育学部各位领导的提携与厚爱，感谢教育学部全体同事的大力支持。

是以后记，与天下学人共勉。虽已至不惑，然学界新兵，学海无涯，吾将上下而求索。

学人：李广海
己亥年十二月于广西桂林